LASS · GARTEN-BIOTOP

Helmut Lass

Ihr Garten-Biotop

Praktische Anleitung für die Gestaltung von Feucht- und Trockengebieten

PIETSCH

Einband und Schutzumschlaggestaltung: Siegfried Horn

ISBN 3-613-50116-3

1. Auflage 1990

Ein Unternehmen der Paul Pietsch-Verlage GmbH & Co.

Druck: Gulde-Druck GmbH, 7400 Tübingen 1.
Bindung: Verlagsbuchbinderei K. Dieringer, 7016 Gerlingen.
Printed in Germany.

Inhalt

Das Feuchtbiotop im Garten

Die Anlage eines natürlichen Lebensraumes für Tier und Pflanzen im Garten, kurz gesagt ein Biotop, das künstlich angelegt wird, ist gar nicht so schwer, wie häufig angenommen wird. Schon auf kleinstem Raum und mit wenig Kosten lassen sich Sumpf- und Wasserpflanzen ansiedeln, sofern man den richtigen Boden und die nötige Feuchtigkeit zur Verfügung stellt. Das wiederum lockt eine Anzahl von Wassertieren und Insekten an, die sich in diesem Lebensraum wohlfühlen und vermehren.

Feuchtgebiete sind rar geworden. Erst jetzt kommt man zu der Einsicht, daß begradete Bäche, die noch eingefaßt oder verrohrt worden sind, und das Trockenlegen von Feuchtwiesen ein Fehler war. Heute stellt man Mittel zur Verfügung, wenn auch in bescheidenen Maßen, um Bäche aus ihren Betonwänden zu befreien und um Ablaufgräben und natürliche Uferbepflanzungen zu schaffen.

Als Besitzer eines Gartens kann man sich auch ein Feuchtgebiet schaffen und sei es noch so klein. Ja, man muß nicht einmal Besitzer eines Gartens sein, es lassen sich auch Minibiotope auf Terrassen und Balkonen einrichten.

WAHL DES PLATZES

Um ein Feuchtbiotop sinnvoll im Garten einzuordnen, ist die Wahl des Platzes von großer Bedeutung. Man muß dabei mehrere Punkte berücksichtigen, ohne die es einfach nicht geht. Ein Platz, der an der Nordseite eines Hauses liegt, wäre gänzlich ungeeignet. Wenn man die natürliche Pflanzen- und Tierwelt um ein Gewässer oder in einem Feuchtgebiet beobachtet, wird man feststellen, daß weitaus die meisten Sumpf- und Wasserpflanzen, aber auch die Pflanzen, die in Regionen stehen, die an Feuchtgebiete anschließen, Sonnenpflanzen sind. Dasselbe trifft auch für Tiere und Insekten zu. Der Teich- oder Wasserfrosch z. B. sucht sich immer die Sonnenseite aus, ebenfalls seine Nachkommen, die Kaulquappen (Larven der Frösche). Der Platz wird also von der Natur vorgegeben.

Ein Platz unter Laubbäumen scheidet aus. Im zeitigen Frühjahr ist es darunter zwar noch sonnig, doch ist dies nach der Laubbildung vorbei. Dieser Platz ist aber nicht nur wegen der Schattenwirkung ungeeignet, sondern auch wegen des Laubfalls im Herbst. Dies kann zu unerwünschten Reaktionen des Wassers führen (Fäulnis, Verfärbung, pH-Wert). Das soll aber nicht bedeuten, daß man nun gar kein höheres Gewächs anpflanzen kann. Nicht zu hohe Ziersträucher oder heimische Wildsträucher, die das Biotop teilweise beschatten können, sind sogar erwünscht. Eine Anpflanzung kleinerer Gehölze, z. B. eine Zwergweide, Salix wehrhanii, die etwa 150 cm hoch wird und außerdem im Frühjahr zu einer guten Bienenweide wird, ist für die Randregion zu empfehlen. Besonders bei Fischbesatz des Wasserteils ist eine zeitweilige Beschattung sogar notwendig, sofern keine großblättrigen Schwimmpflanzen vorhanden sind. Fische benötigen bei praller Sonne einen Sonnenschutz.

Weiter ist es wichtig, daß der ausgesuchte Platz an einer ruhigen Stelle im Garten liegt. Falsch wäre es z. B., wenn ein häufig begangener Gartenweg oder der Zugang zum Haus unmittelbar vorbeiführen würde. Ein weiterer Nachteil wäre, wenn dieser Gartenteil gleichzeitig für den Hund als Auslauf benutzt würde. Solche Gartenabschnitte sind nicht geeignet.

Ein weiterer sehr wichtiger Punkt ist natürlich die Wasserzufuhr. Was nützt der schönste Platz, wenn es mit der Wasserzufuhr hapert. Soll das Biotop mit Regenwasser gespeist werden, sollte es über eine Zwischenstation und nicht unmittelbar dem Biotop zugeführt werden (s. Wasserzufuhr). Leitungswasser kann verwendet werden, doch sollte man die Härte und den Chlorgehalt kennen. Die Wasserhärte ist regional verschieden, während man z. B. in Passau einen Härtegrad °dH von 2,8 nachweisen kann, hat man in Frankfurt ein weitaus härteres Wasser, nämlich 24,6 °dH. Chlorhaltiges Wasser sollte ebenfalls über eine Zwischenstation zum Biotop geführt werden, damit das Chlor entweichen kann.

Wenn man die Punkte für den Platz noch einmal zusammenfaßt, muß also folgendes beachtet werden:

- sonniger Platz
- Bäume sollten nicht in unmittelbarer Nähe stehen
- ruhige Lage
- geeignete Wasserzufuhr

Auf einen Wasserablauf kann in der Regel verzichtet werden. Eine Ausnahme ist natürlich, wenn man in der glücklichen Lage ist, einen natürlichen Wasserlauf (Bächlein) im Garten zu haben, aber das wird wohl sehr selten der Fall sein.

ANLEGEN EINES BIOTOPS

Das Anlegen eines Biotops muß nicht teuer sein, zumal man alle Arbeiten selber machen kann. Sollte man sich allerdings für ein betoniertes Becken entscheiden, sollte man schon einen Fachmann zu Rate ziehen. Doch soll in den weiteren Ausführungen nur auf das »Selbermachen« eingegangen werden.

FERTIGE KUNSTSTOFFBECKEN

Fertige Kunststoffbecken werden in vielen Größen, Formen und Tiefen angeboten. Das Material ist ein glasfaserverstärkter Kunststoff. Es kommt hier auf den zur Verfügung stehenden Platz und natürlich auch auf die Kostenfrage an, denn fertige Kunststoffbecken sind nicht gerade billig. Sie zeichnen sich jedoch durch Stabilität, 100% Wasserdichte und absolute Winterfestigkeit aus. Die meisten Fertigbecken besitzen verschieden tiefe Ebenen, das kann ein Vorteil, kann aber auch ein Nachteil sein, da eine Wasserzirkulation nicht stattfinden kann. Ein weiterer Nachteil ist in der Regel ein steil abfallender Rand. Das mag für einen sterilen Gartenteich von Vorteil sein, jedoch für ein Biotop mit allmählich ansteigendem Rand, in dem sich eine Vielzahl von Pflanzen und vielleicht auch Tiere wohlfühlen, ist diese Art von Becken nicht geeignet. Es findet hier eine klare Trennung zwischen Beckenrand und Umland statt; das kann auch Probleme mit der Randbepflanzung bringen. Trotzdem lassen sich Fertigbecken gut für begrenzte Räume verwenden. So kann man z. B. auf einem Dachgarten Fertigbecken unterbringen und auch hier Sumpf- und Wasserpflanzen einbringen.

Faßt man die Vorteile des Kunststoffbeckens zusammen, kann man folgende Punkte hervorheben:

- Form- und Witterungsbeständigkeit
- UV-beständig
- leicht transportierbar
- leichter Selbsteinbau

Hat man sich für ein Kunststoffbecken entschieden, sollte man sich an die mitgelieferte Einbau-Anleitung halten (die aber nicht immer leicht verständlich ist). Man geht in der Regel folgendermaßen vor:

Zunächst hebt man eine Mulde aus, die sich nach den Maßen des Beckens richtet. Dabei ist es wichtig, daß man die Mulde 10 cm tiefer und 40 cm breiter bzw. länger aushebt. Die Mulde wird geglättet, spitze Steine, stärkere Wurzeln sind zu entfernen. Danach wird eine etwa 5–8 cm dicke Sandschicht aufgebracht. Der Sand sollte trocken sein. Nun setzt man das Becken in die Mulde. Bei größeren Becken sollte man dies immer zu zweit tun. Das Becken wird gleichmäßig angedrückt, dabei muß

Beispiele – Fertigbecken

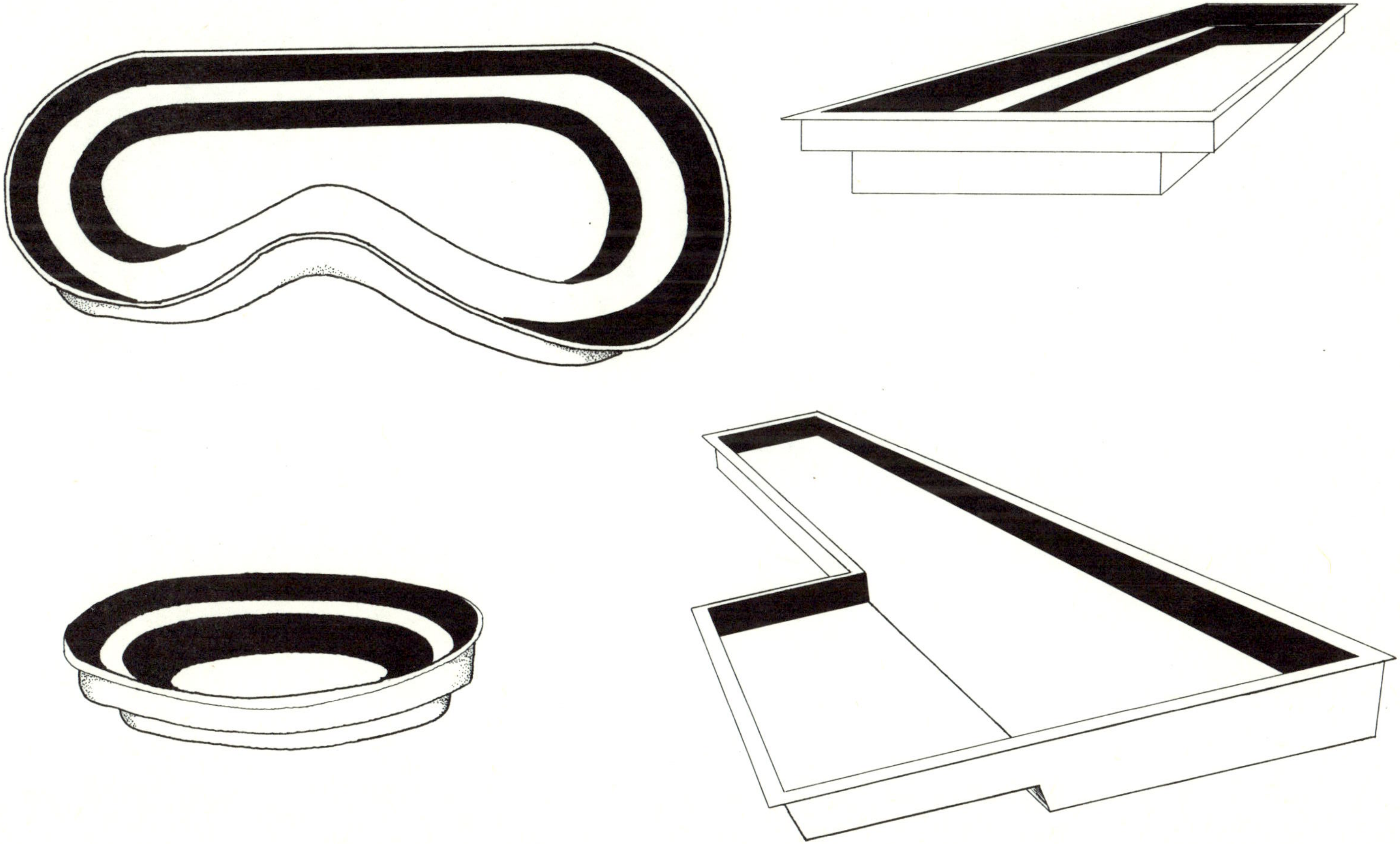

es in die Waagrechte gebracht werden. Als Hilfsmittel benutzt man eine Latte, die man über das Becken legt. Auf diese Latte legt man eine Wasserwaage. Das Becken kann dabei ohne weiteres betreten werden. Ist es in der richtigen Waage und hat es einen festen Stand, füllt man Wasser ein. Allerdings vorerst nicht mehr als ein Drittel der Gesamtwassermenge, eher weniger, um nachzuprüfen, ob das Becken tatsächlich eben in der Erde sitzt. Hat das Becken seine Waagrechte behalten, kann man mit dem Auffüllen der Mulde bzw. der Ränder beginnen. Man bringt den trockenen Sand ringsum gleichmäßig auf. Von Vorteil ist es, wenn ein zweiter Helfer während des Einschüttens den Sand ringsum gleichmäßig einstampft. Das Fertigbecken sollte nun wie eingegossen im Sand sitzen. Das Wasser kann alsbald vollständig eingefüllt werden (Bepflanzung s. Folienbiotop).

DAS FOLIENBIOTOP

Folien als Grundlage für Biotope werden immer beliebter. Sie haben den Vorteil, daß sie weich, also anschmiegsam, frostsicher und strapazierfähig sind, wenn Folien auch im letzten Punkt nicht das versprechen was Fertigbecken halten. Folien lassen sich gut anpassen, man kann sie sogar stufenförmig legen. Es gibt sie in vielen Breiten und Längen.

Doch nicht jede Folie kann verwendet werden. Es sollten nur ausgesprochene Teichfolien verwendet werden. Sie erfüllen gewisse Voraussetzungen, um für solche Anlagen geeignet zu sein:

- UV-Beständigkeit
- Geschmeidigkeit
- Frostfestigkeit

Bei der Anschaffung der Folie sollte man sich nicht von Billigware blenden lassen. Gute Teichfolien haben eben ihren Preis. Weniger gute Folien, also für Sumpf- und Wasseranlagen nicht geeignete Folien, halten nicht lange. Es ist dann sehr ärgerlich, wenn man schon nach kurzer Zeit feststellen muß, daß irgendwo undichte Stellen sind, die dann das schon bepflanzte Biotop in Frage stellen und ständig Wasser nachgefüllt werden muß. Also immer eine Spezialfolie erwerben! Es kommt auch auf die Folienstärke an. Eine Folie unter 0,5 mm Dicke sollte nicht verwendet werden. Teichfolien haben eine Stärke von 0,5 mm bis 1,2 mm. Sie werden in Gartenfachgeschäften, im Baustoffhandel, aber auch in Wasserpflanzengärtnereien angeboten, die auch Erfahrungen mit Folien besitzen und deren Ratschläge für den Anfänger sehr wertvoll sein können.

Dunkelfarbenen Folien sollte man den Vorzug geben. Ein Biotop mit dunklen Untergrund kommt den in der freien Natur vorkommenden Sumpf- und Feuchtgebieten näher; Moorböden sind immer schwarzbraun bis schwarz. Wenn eingangs gesagt wurde, daß ein Biotop nicht unter oder in unmittelbarer Nähe von Bäumen angelegt werden soll, dann trifft das besonders für Folienunterlagen zu. Abgesehen von Schatten und Laub können hier zusätzlich noch die Baumwurzeln Schaden anrichten. Erfahrungen haben gezeigt, daß Baumwurzeln unerbittlich in eine Richtung wachsen können und sogar vor Beton und Asphalt nicht haltmachen.

Folien werden als Meterware, d. h. von der Rolle oder als fertigverschweißte Planen angeboten. Fertigplanen werden sogar in Sondergrößen bis zu 100 m^2 angefertigt. Folienbahnen als Meterware lassen sich mit sogenannten Quellschweißmitteln dauerhaft zusammenfügen.

Gut bewährt hat sich z. B. die *Bioplan-Teichfolie,* sie kann mit PC-Quellschweißmitteln oder LT-Folienkleber leicht und dauerhaft verklebt werden. Dazu wird die Folie auf eine feste Unterlage glatt ausgelegt und 5 cm überlappt. Danach wird das Quellschweißmittel oder der Folienkleber auf beide Klebeflächen in der Überlappung satt aufgetragen und zwar mit einem ungeleimten Pinsel, den man kreisend bewegt. Die Klebestelle wird fest angedrückt, beide Teile verbinden sich sofort. Teichfolien sollten immer UV-fest sein, d. h. daß ihnen ultraviolette Strahlen, die chemische Reaktionen hervorrufen, nichts anhaben können. Nicht UV-feste Folien müssen unbedingt abgedeckt werden (Erde, Sand, Kies), damit sie vor Lichteinstrahlungen geschützt sind. Bei UV-festen Folien dagegen ist eine Abdeckung nicht erforderlich. Die Folienhersteller sprechen auch von UV-stabilisierten Folien. Mit Teichfolien lassen sich alle Arten von Teichen, Sumpfbiotopen, Moorbiotopen, Wasserläufen und vieles mehr naturgetreu anlegen. Folien sind der chemischen Industrie zu verdanken. Durch sie lassen sich teure und aufwendige Anlagen, die häufig schon nach kurzer Zeit undicht werden, mit relativ geringen Kosten ersetzen.

Heute werden selbst für Großanlagen wie Seen, Rückhaltebecken und anderen größeren Anlagen diese umweltfreundlichen Spezialfolien verwendet. Bei Großanlagen fertigen die einschlägigen Hersteller Foliengrößen nach den Gegebenheiten an Ort und Stelle an.

Als Neuheit wird eine *profilierte Folie* angeboten. Sie ist rutschfest und soll laut Hersteller bessere Schwebestoff-Ablagerungen gewährleisten und so zu einem besseren biologischen Gleichgewicht im Biotop beitragen. Außerdem bietet diese Folie Kleintieren besseren Halt.

Eine weitere Neuheit ist die sogenannte *Böschungsmatte* (Hersteller Ubbrink). Es handelt sich hierbei um ein mit Löchern versehenes Gewebe (Nylon), das am Folienrand, d. h. am Biotoprand angebracht, befestigt

Querschnitt-Beispiele

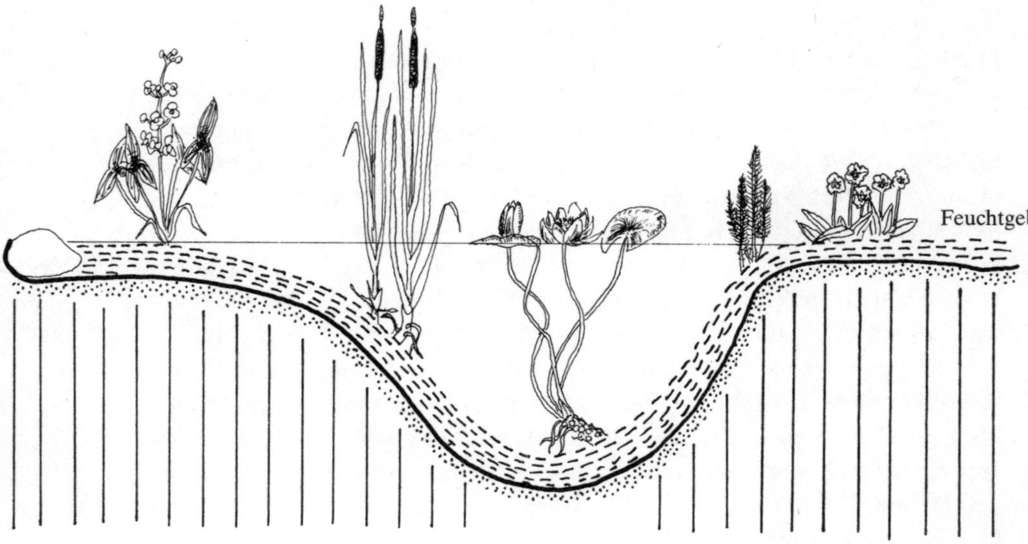

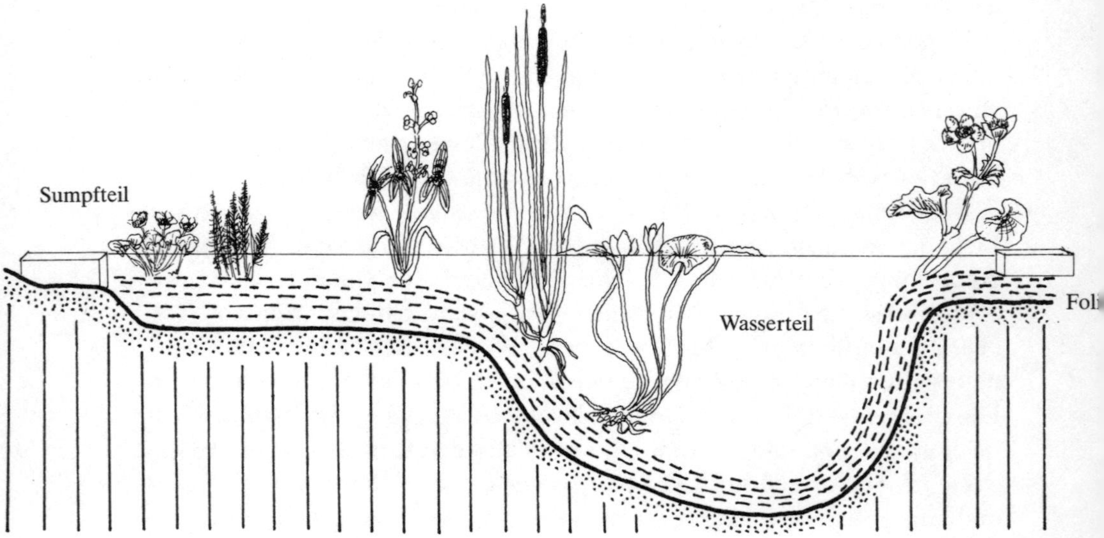

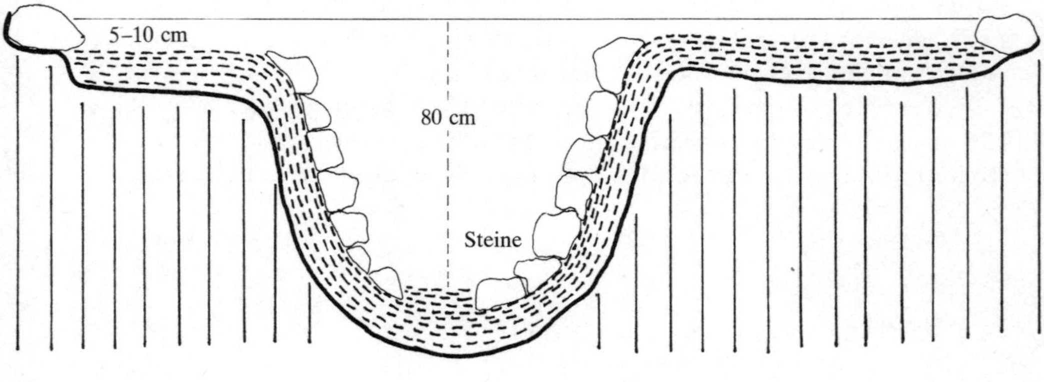

und mit einem Substrat verfüllt wird. Diese verfüllte Matte läßt sich dann bepflanzen. Biotopränder lassen sich naturnah gestalten.

Hat man sich für eine geeignete Folie sowie über Größe, Form und Tiefe des Biotops entschieden, wird der Platz abgesteckt und der Aushub kann beginnen.

Aushub

Soll das Biotop auch Fische aufnehmen, muß ein Teil der vorgesehenen Fläche 80–100 cm tief ausgehoben werden. Das muß man natürlich beim Kauf der Folie berücksichtigen und die Tiefe mit einkalkulieren. Doch sei hier vorweg gesagt, daß ein Naturteich bzw. ein Biotop, welches Amphibien beherbergen soll, niemals zugleich ein Fischteich sein kann. Goldfische sehen zwar schön aus, doch wird man niemals gleichzeitig ein natürliches Amphibienleben aufziehen können. Denn meistens fällt der Laich der Amphibien den Goldfischen zum Opfer.

Abmessen der Folie:

- größte Biotoplänge, zweimal Tiefe und Randteil (Länge)
- größte Biotopbreite, zweimal Tiefe und Randteil (Breite)

Das Ausmessen läßt sich aber auch noch anders durchführen. Man nimmt eine Schnur, legt sie in die Mulde und mißt dann die Schnur ab, wobei man je Rand noch eine Zugabe von etwa 20 cm macht. Weiter muß man berücksichtigen, daß unter der Folie eine etwa 5–10 cm dicke Sandschicht und auf die Folie eine etwa 10–15 cm dicke Erdschicht (Vegetationsschicht) gebracht werden muß (vorausgesetzt man möchte den Biotopgrund voll bedecken).

Eine Teilung in Wasser-, Sumpf- und Feuchtteil wird wohl die meistangewendete sein, dementsprechend muß der Aushub vorgenommen werden. Ist ein Rasenplatz dafür vorgesehen, wird der Rasen ausgestochen. Man verwendet dazu einen Spaten und sticht viereckige Stücke (Rasensoden) aus. Die Dicke dieser Stücke (etwa 5–10 cm) ergibt sich aus der Tiefe der Bewurzelung, da das Wurzelgeflecht des Rasens die Erde zusammenhält. Die ausgestochenen Rasensoden werden in der Nähe aufgestapelt, sie finden später wieder Verwendung. Man hebt vom Rand her zur tiefsten Stelle hin aus, d. h. man beginnt mit dem Feuchtteil, dann dem Sumpfteil und zum Schluß mit dem Wasserteil wobei die Übergänge nicht abrupt, sondern in einem leichten Winkel abfallen sollten. Die tiefste Stelle kann in der Mitte oder an jeder anderen Stelle des Biotops liegen. Beim Ausheben der Mulde, besonders wenn es zum Schluß an die endgültige Form geht, sollte man nicht graben, sondern mehr abschälen, damit möglichst eine glatte Fläche erreicht wird.

Nach beendetem Aushub kontrolliert man den Boden noch einmal nach

Steinen und Wurzeln. Stärkere Wurzeln gräbt man noch etwa 10 cm tiefer aus und schneidet oder hackt sie dann ab.

Einbringen der Folie

Um der Folie ein gutes Polster zu geben, bringt man nach Fertigstellen der Mulde eine 5–10 cm dicke Sandschicht auf. Der Sand wird gleichmäßig verteilt und mit einem Reibbrett festgedrückt bzw. festgeklopft. Nun kann die Folie ausgelegt werden. Mitunter werden zu Folien noch zusätzliche Unterlagen angeboten. Diese »Spezialvliese« bieten eine zusätzliche Sicherheit, da sie aus einem sehr strapazierfähigen Material hergestellt sind und auch in der Bauindustrie Verwendung finden. Jedoch kommt man bei normaler Bodenbeschaffenheit in Verbindung mit der Sandschicht auch ohne diese zusätzliche Unterlage aus.

Nun wird die Folie über den Aushub ausgebreitet. Ist genügend Platz vorhanden, breitet man sie neben der Mulde aus und zieht sie dann (je nach Größe mit einem Helfer) über den Aushub und läßt sie dann absinken. Nun wird sie der Mulde angepaßt; dabei muß die Folie zum Teil in Falten gelegt werden, das schadet ihr jedoch nicht. Teichfolien kann man ohne weiteres mit weichem Schuhwerk (Turnschuhe, Gummistiefel) betreten, das schadet ihnen ebenfalls nicht. Es sollte jedoch darauf geachtet werden, daß beim Auslegen die Außentemperatur nicht unter 15°C liegt. Bei zu kalter Witterung ist die Folie nicht so geschmeidig. Hat man gut gemessen steht die Folie jetzt an den Rändern etwas über. Bei Abstufungen und dergleichen kann man die Folie dem Untergrund gut anpassen, auch hierbei bilden sich jedoch Falten, die aber später durch das Wasser oder durch die Erdabdeckung an die Wände bzw. an den Teich- oder Biotopgrund gedrückt werden.

Da man ja ein Biotop auch bepflanzen möchte, kann man die Folie mit etwa 10–15 cm Erde bedecken. Da sich Rasenerde gut hierfür eignet, lassen sich nun die vorher ausgestochenen Rasensoden gut verwenden. Sie werden mit der Rasenseite nach unten besonders für die schrägen bis steilen Abschnitte des Folienbiotops verwendet, da man sie gut aufeinandersetzen kann. Später beim Einlassen des Wassers rutschen sie nicht ab, was bei Bedeckung der Wände mit normaler Erde der Fall wäre. Für gerade Flächen nimmt man natürlich Garten- oder Rasenerde. Es sind auch Spezialerden (Fertigerden) für Wasserpflanzen im Handel. Hat man ein ziemlich steil abfallendes Uferstück geschaffen, kann man Steine für die Bedeckung verwenden. Sie geben dem Biotop ein natürliches Aussehen und bieten später allerhand Wassertieren Unterschlupf.

Nach der Fertigstellung der Erdabdeckung steht einer Bepflanzung nichts mehr im Wege. Es sei noch erwähnt, daß UV-stabilisierte Folien nicht unbedingt eine Abdeckung benötigen. Man kann sie ohne weiteres ohne Bedeckung belassen und nur punktmäßig mit Erde bedecken, indem man beim Aushub kleine Mulden von etwa 20 cm Tiefe ausgräbt. Die ausgelegte Folie paßt sich gut diesen Mulden an, die man dann mit Erde füllt und Wasserpflanzen hineinpflanzt. Man kann aber auch verschiedene Gefäße auf den Boden des Biotops stellen, z. B. Blumentöpfe, Pflanzschalen, Kistchen oder Körbe, die man vorher mit Wasserpflanzen bepflanzt.

Bepflanzung

Für die Bepflanzung des Biotops sollen in erster Linie heimische winterharte Pflanzen verwendet werden. Also Pflanzen, die auch in natürlichen Feucht- und Sumpfgebieten in einer Gemeinschaft zusammenstehen. In Gärtnereien, die sich mit der Zucht von Sumpf- und Wasserpflanzen befassen, sind die heimischen Pflanzen ebenso erhältlich wie ausländische. Man sollte sich hüten, heimische Pflanzen aus Sumpfgebieten zu holen. Abgesehen davon, daß es verboten ist, geschützte Pflanzenarten auszugraben (was bei Verstoß mit saftigen Geldbußen belegt wird), tritt der wahre Naturfreund für die Erhaltung solcher Pflanzen in der freien Natur ein. Dasselbe gilt für Fische, Kröten, Frösche, Molche und Unken. Der Schutz dieser Tiere und Pflanzen und ihrer Lebensräume sollte uns ganz besonders am Herzen liegen!

Kalendermäßig ist natürlich das Frühjahr die beste Pflanzzeit. Zu frühes Pflanzen ist bei Wasserpflanzen nicht ratsam, zumal diese Pflanzenarten auch in der freien Natur erst austreiben, wenn sich das Wasser entsprechend erwärmt hat. Man kann ab April, besser jedoch erst ab Mai, Pflanzen einbringen. Staudengärtnereien, die winterharte Sumpf- und Wasserpflanzen vertreiben, liefern zur rechten Zeit, vorausgesetzt man läßt sich die Pflanzen zusenden. Ideal ist natürlich, die Pflanzen beim Gärtner selbst zu holen und anschließend gleich einzupflanzen. In der Regel sind auch Sumpf- und Wasserpflanzen in Töpfen und Containern gezogen, so daß sie Topfballen besitzen. Eine Pflanzung kann dadurch über die ganze Vegetationszeit vorgenommen werden.

Der Pflanzvorgang geht wie bei normalen Pflanzen vor sich. Bei Neuanlagen wird immer vor dem Wassereinlassen gepflanzt. Pflanzen in Gefäßen kann man natürlich auch nachher noch ins Wasser stellen. Schwimmpflanzen und Unterwasserpflanzen werden erst eingepflanzt, wenn der Wasserteil mit Wasser gefüllt ist. Kleine Pflänzchen, bei denen die Gefahr des Aufschwimmens besteht (Unterwasserpflanzen), beschwert man mit Steinen nach der Pflanzung.

Pflanzgefäße, die man einfach ins Wasser stellt, lassen sich durch

Standortzonen der Sumpf- und Wasserpflanzen

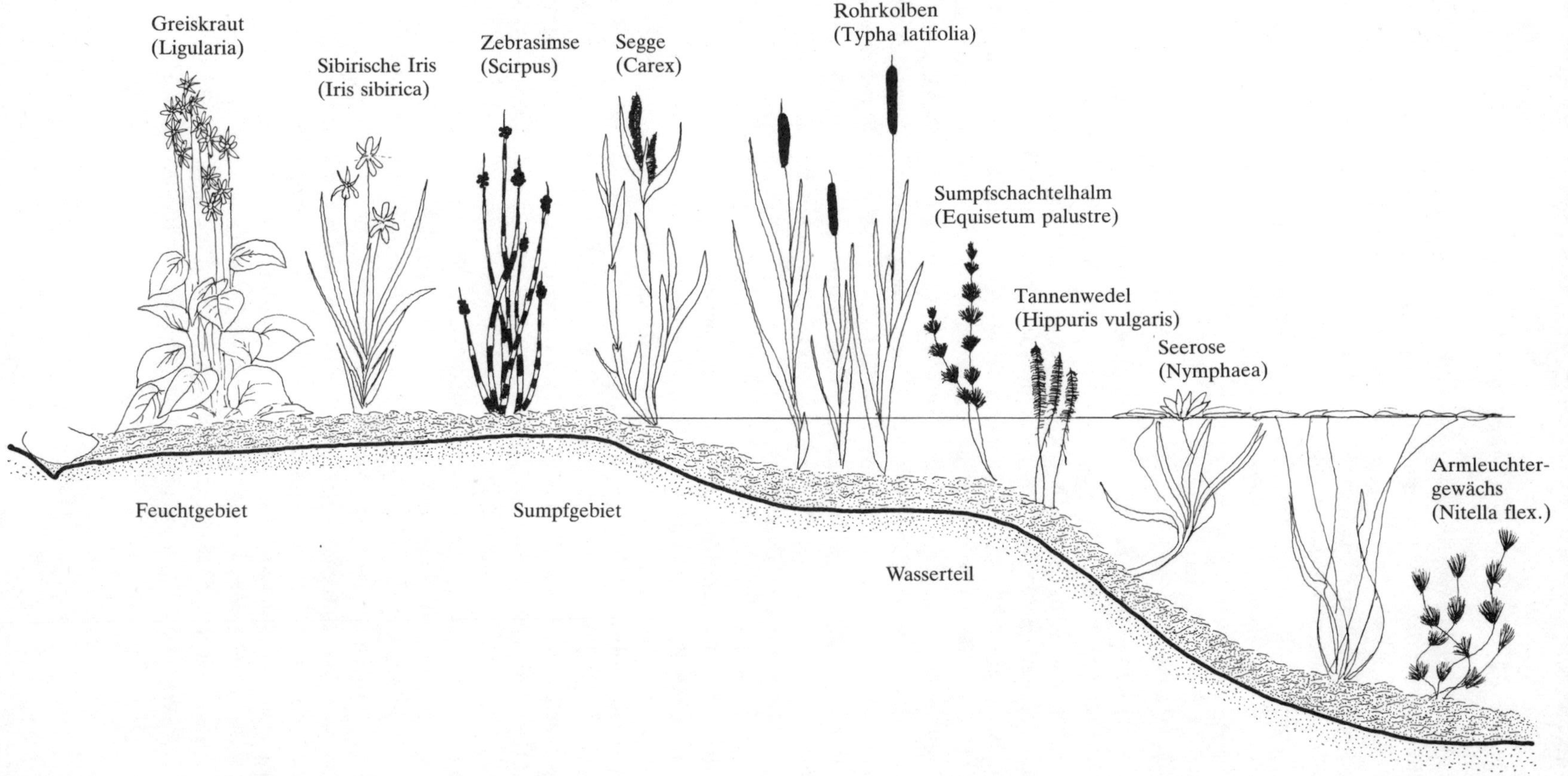

Unterlegen von Ziegelsteinen verschieden hoch stellen. So kann man den Pflanzen den richtigen Wasserstand geben. Doch sollte man hier nicht zu ängstlich sein, auch in der freien Natur müssen sich Sumpf- und Wasserpflanzen mit wechselnden Wasserständen abfinden.

Randgestaltung

Hat man Erde und Pflanzen eingebracht, kann entsprechend Wasser eingefüllt werden. Beim Wassereinfüllen läßt man das Wasser nicht direkt auf die Erde laufen, sondern auf ein Brett oder auf einen flachen Stein und nur mit schwachem Druck (sofern man das Wasser von der Leitung nimmt). Ist die Mulde gefüllt, wartet man noch zwei, drei Tage bevor man die Randgestaltung vornimmt; auch wird man noch etwas Wasser nachfüllen müssen, da es einige Zeit dauert bis sich die Erde vollgesogen hat, besonders, wenn ein Sumpf- und Feuchtteil vorhanden ist.

Gerade bei einem Folienbiotop kann die Randgestaltung sehr individuell vorgenommen werden. Eine einfache Lösung ist die Einfassung mit Steintrittplatten. Jedoch ist dann eine klare sichtbare Abgrenzung zwischen Feuchtgebiet und übrigem Umland geschaffen. Die Steine werden ringsum auf die Folie in den Sand gelegt, d. h. auf die überstehende Folie kommt eine Schicht Sand, dann die Platten oder geeignete Steine. Die nun noch überstehende Folie an der Außenseite der Platten wird einfach abgeschnitten. Die Schnittstellen werden mit Sand oder Erde bedeckt. Diese Randgestaltung wird häufig angewandt, da man sie auch als Weg benutzen kann. Doch kommt diese Art von Randgestaltung einem Naturfeuchtgebiet nicht so nahe wie ein Rand, der ohne klar ersichtliche Trennung ins übrige Umland übergeht, allerdings wirkt das Umland bei trockenem Wetter eine Art Sogwirkung aus. Dem Feuchtgebiet wird dann ständig Wasser entzogen. Um das zu verhindern läßt man das Folienende hochstehen und schneidet es unmittelbar über dem Erdboden ab. So schafft man eine Unterbrechung gegenüber dem übrigen Umland. Durch Randbepflanzung und späteres Überwachsen der Pflanzen, wird der beschnittene Folienrand fast unsichtbar.

Wasserzufuhr

Für die Speisung eines Feuchtbiotops ist eine geeignete Wasserzufuhr erforderlich. Denn ohne das Element Wasser kann ein dauerhaftes Biotop nicht bestehen. Da sich die Art der Wasserzuführung nach den individuellen Gegebenheiten richtet, können hier nur Ratschläge gegeben werden.

Am einfachsten ist wohl die Wasserzufuhr mittels Wasserleitung. Doch Trinkwasser ist kostbar, hinzu kommt, daß Leitungswasser mehr oder weniger stark gechlort sein kann. Stehen jedoch keine anderen Wasser-

Wasserpflanzen in Pflanzgefäßen in veschiedenen Höhen aufgestellt

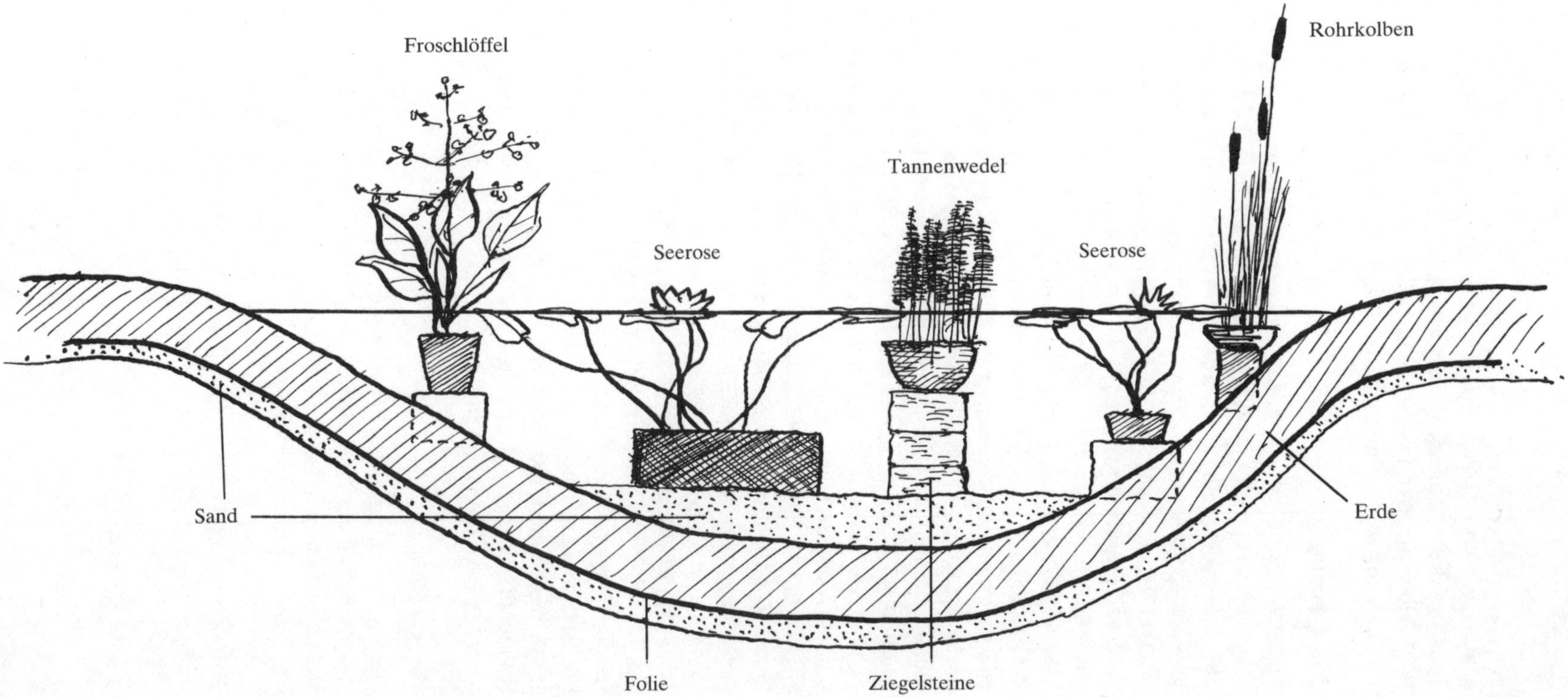

quellen zur Verfügung, wird man nicht umhin kommen, Leitungswasser zu verwenden. Um den Chlorgehalt abzubauen richtet man eine Art Zwischenstation ein. Man benutzt dazu ein Gießwasserbecken, eine Tonne oder einen anderen Behälter und benutzt diese als Wasserspeicher. Durch die Zwischenspeicherung können die Chlorgase entweichen, gleichzeitig erwärmt sich auch das Wasser. Solche Behälter lassen sich eingraben und mit geeigneten Pflanzen umgeben. Ein Gießwasserbecken läßt sich außerdem mit Fliesen passender Farbe verkleiden, so daß der graue Beton nicht zu stören braucht. In den Wasserbehältern siedeln sich bald reichlich Mückenlarven an. Läßt man das Wasser dann bei Bedarf ins Biotop, gelangen die Mückenlarven ebenfalls dorthin, was reichlich Lebendfutter für Bitterlinge, Stichlinge und Molche gibt. Den Zulauf kann man mit einem Gartenschlauch vornehmen (Saugverfahren) oder man fertigt eine unterirdische Zuleitung an (z. B. Kunststoffrohr), die man nach Bedarf mit einem einfachen Stöpsel öffnen und schließen kann. Dem Erfindergeist sind hier keine Grenzen gesetzt.

Die Versorgung mit *Regenwasser* ist zu empfehlen, jedoch sollte es ebenfalls nie direkt dem Biotop zugeführt werden. Weniger wegen des »sauren Regens«, der schadet den Wasserpflanzen im großen und ganzen nicht, sondern wegen anderer Verschmutzungen, die das Regenwasser aus der Luft mit sich bringt. Sehr zu empfehlen ist hier eine möglichst natürliche Zwischenstation. So kann man einen kleinen Teich anlegen, möglichst etwas erhöht, und diesen ringsum mit Seggen bepflanzen. Seggen gehören zu den Sauergräsern, sie bilden reichlich Wurzelwerk und Ausläufer und lieben sauren Boden. Es ist eine ideale Pflanze für eine Zwischenstation, die mithilft das Wasser zu reinigen. Der Fachhandel bietet für das Fallrohr der Dachrinne Zwischenstücke an, die es ermöglichen, das Regenwasser je nach Bedarf abzuzweigen, d. h. umzuleiten.

Ist man in der glücklichen Lage eine eigene Pumpe bzw. einen Brunnen zu besitzen, steht häufig frisches *Grundwasser* zur Verfügung. Doch sollte man hier auch nicht direkt ins Biotop pumpen. Man bedenke, daß das Wasser aus 6–8 m Tiefe kommt und sehr kalt ist, auch wenn die Außentemperaturen vielleicht 30°C betragen. Pflanzen und Wassertiere sind zwar in der freien Natur auch extremen Wassertemperatur-Unterschieden ausgesetzt, doch sollte man es bei der künstlichen Wasserzufuhr nicht unbedingt anwenden.

Sauberes Wasser

Ganz gleich wie ein Biotop gespeist wird, ob durch Regenwasser, Brunnenwasser oder Leitungswasser, Voraussetzung ist immer, daß das Wasser sauber ist.

Um Wasser rein zu halten muß man einige Regeln beachten. Es werden zwar hierfür auch Mittel angeboten, die klares Wasser versprechen, aber für ein Biotop sind solche Mittel ungeeignet, sie kann man nur in Schwimmbädern verwenden. In einem Biotop sollte man der Natur schon freien Lauf lassen und mit natürlichen Mitteln klares Wasser schaffen.

Dazu gehört: *Unterwasserpflanzen* mit einbringen, sie helfen mit, das Wasser zu reinigen.

Vorsicht mit *Düngungen,* sei es Pflanzerde oder nachträglich, Überdüngung hat Wassertrübung zur Folge.

Laubfall kann ebenfalls zu Wassertrübungen oder Wasserverfärbung führen, deshalb schon bei der Anlage des Biotops (Wahl des Platzes) daran denken. Nötigenfalls muß das Laub abgefischt werden, aber auch ein vorübergehendes Bespannen mit einem Nylonnetz kann bei Laubfall helfen.

Bei Fischbesatz (vorausgesetzt man hat einen tieferen Wasserteil) muß darauf geachtet werden, daß nur eine gewisse Anzahl von Fischen eingesetzt wird (s. Fische). Überflüssiges Füttern der Fische verschmutzt das Wasser, da ein Teil des Futters nicht aufgenommen wird. Wassertiere, seien es Fische oder Amphibien, verschmutzen kein Wasser, d. h. Karpfen oder Goldfische wühlen auch in lockeren Teichböden, so daß es zu Wassertrübungen kommt, aber diese Fische gehören nicht in ein naturnahes Biotop.

Wenn am Rande des Biotops ein Vogel ein Bad nimmt und kräftig plätschert und dabei vielleicht Erde oder Schlamm aufwirbelt, so fällt das nicht unter Wasserverschmutzung. Die Erde bzw. der Schlamm setzt sich schnell wieder ab, das Wasser wird wieder sauber. man kann aber auch hier vorbeugen, indem man in unmittelbarer Nähe zusätzlich ein Vogelbad einrichtet, z. B. eine flache Schale eingräbt oder ein im Handel erhältliches Vogelbad bzw. eine Vogeltränke aufstellt. Vogeltränken bzw. Vogelbäder sollten so aufgestellt werden, daß sich keine Katzen unbemerkt anschleichen können. Der Wasserstand wird sich bei einem Biotop nie exakt auf einer Höhe halten lassen. Man darf deshalb die angegebenen Wassertiefen bei den einzelnen Sumpf- und Wasserpflanzen nicht zu streng sehen. Durch wechselnde Wasserstände erleiden sie keinen Schaden. Wechselnde Wasserstände kommen auch in der freien Natur immer wieder vor.

KLEINE BIOTOPE

Nicht jeder Gartenbesitzer hat die Möglichkeit ein größeres Feuchtgebiet im Garten anzulegen, doch niemand braucht deshalb darauf zu verzichten. Es gibt viele Behältnisse, die sich auf kleinstem Raum unterbringen lassen. So läßt sich ein ausgedienter *Wasserkessel,* der früher in jeder Waschküche anzutreffen war, gut verwenden. Er wird in die Erde eingegraben – und zwar so, daß der Rand mit dem übrigen Umland abschneidet. In den Kessel kann man z. B. ein Gefäß mit einer kleinbleibenden Seerose stellen, aber auch andere Wasserpflanzen. Ein Abfluß ist nicht nötig, überschüssiges Wasser (bei Regen) läßt man einfach überlaufen. Es entsteht dadurch eine Feuchtzone in unmittelbarer Nähe des Kessels, in der man niedrige feuchtliebende Pflanzen ansiedeln kann.

In der Industrie fallen *Kunststoffässer* bzw. *Kunststofftonnen* an, die man ebenfalls verwenden kann. Sie werden einfach abgeschnitten wenn sie zu tief sind. Allerdings müssen sie gründlich gereinigt werden.

Ausgediente *Holzfässer* oder *Holzbottiche* sind ebenfalls bestens geeignet.

In Gartencentern und Baugeschäften werden *Steintröge, Eternit-* und *Tonschalen* sowie andere Tongefäße angeboten, die je nach Größe zwar nicht billig, dafür aber Schmuckstücke für Terrassen und Garten sein können.

Ein *Steintrog* als kleines Sumpfbiotop angelegt, kann durchaus eine natürliche Pflanzengemeinschaft aufnehmen. Nur sollte der Trog eine

Kleine Biotope

Holzbottich

Mindesttiefe von 60 cm haben. Er wird mit 30 cm Kies und 25 cm Erde aufgefüllt, so daß noch ein Rand von 5 cm bleibt. Für Pflanzen, die sauren Boden lieben, fertigt man eine Mischung aus ⅓ Torf, ⅓ Lauberde und ⅓

Eternit- oder Tonschalen

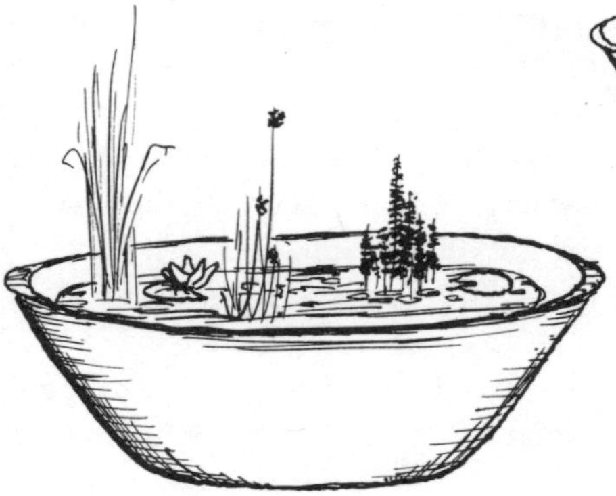

Spindel

Eingelassener Betonring

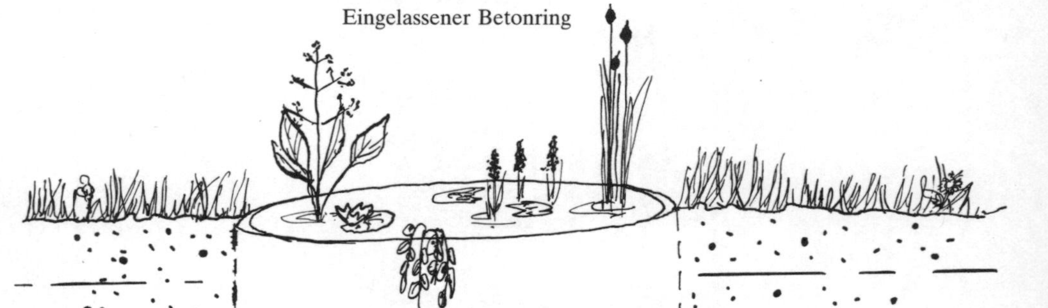

Gartenerde an. In einer Ecke des Troges bringt man ein senkrechtstehendes Rohr mit ein, eventuell mit ein paar Löchern versehen, dadurch läßt sich der Grundwasserstand kontrollieren (mittels Stab).

Für den Anfänger bieten Wasserpflanzengärtnereien verschiedene Sumpfpflanzensortimente an, so daß dem Biotopfreund die Qual der Wahl erspart wird.

Betonringe (Schachtringe, Brunnenringe) lassen sich ebenfalls verwenden. Auch sie kann man einlassen, der Boden wird mit Beton oder Folie dichtgemacht.

Bepflanzter Steintrog

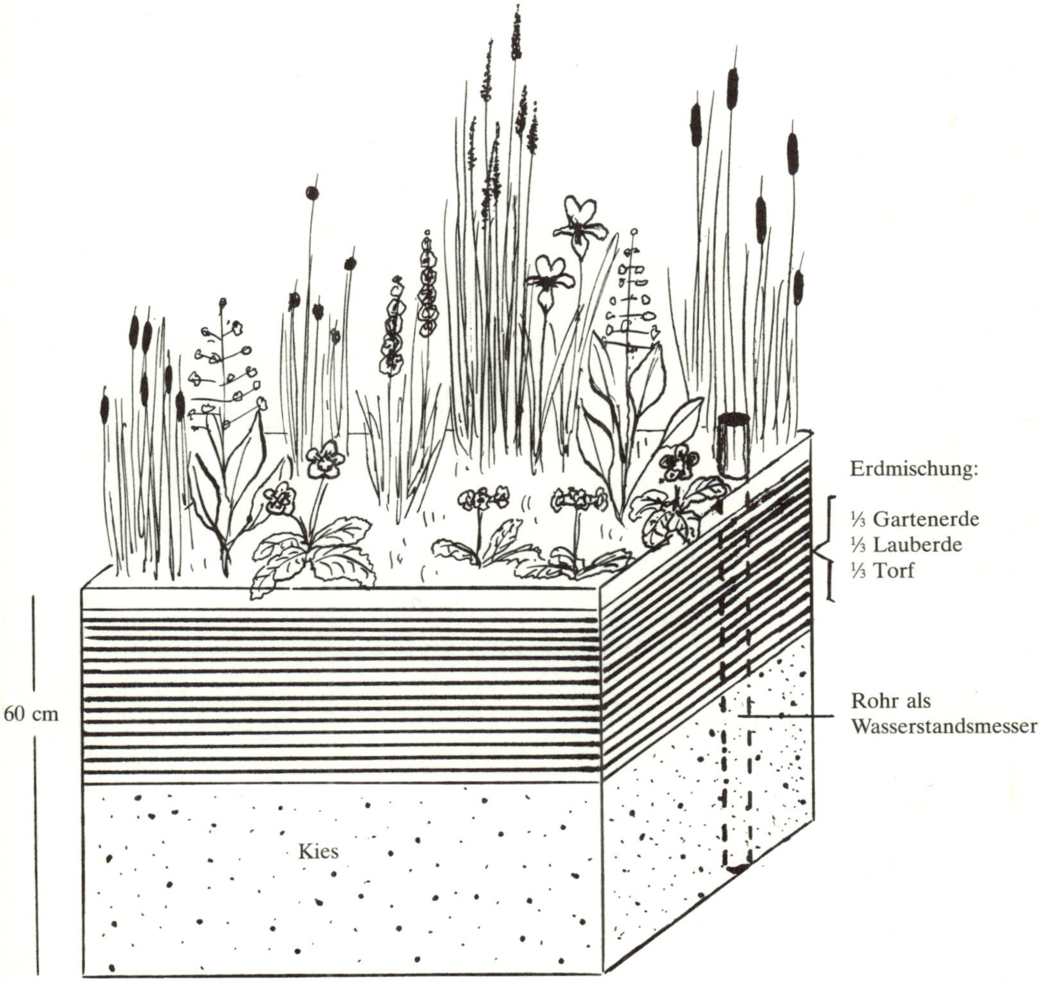

Ausgediente *Badewannen* lassen sich ebenfalls für diesen Zweck verwenden. Geschickte Tarnung des Randes muß hier natürlich Vorrang haben, damit man nicht gleich sieht, daß es sich um eine Badewanne handelt. Die Wanne sollte tief eingegraben werden, ringsum können Feuchtpflanzen eingepflanzt werden. In die Wanne kann man Gefäße mit Wasserpflanzen stellen, aber auch direkt einpflanzen, wenn man die nötige Erde (20–25 cm) einbringt. Unter dem Abfluß kann man beim Eingraben eine Sickergrube mit Kies oder Schotter anlegen, so daß man die Wanne auch ablassen kann. Erforderlich ist diese Maßnahme jedoch nicht. Eine weißemaillierte Wanne kann man mit einem dunklen Anstrich versehen.

Eingelassene Badewanne

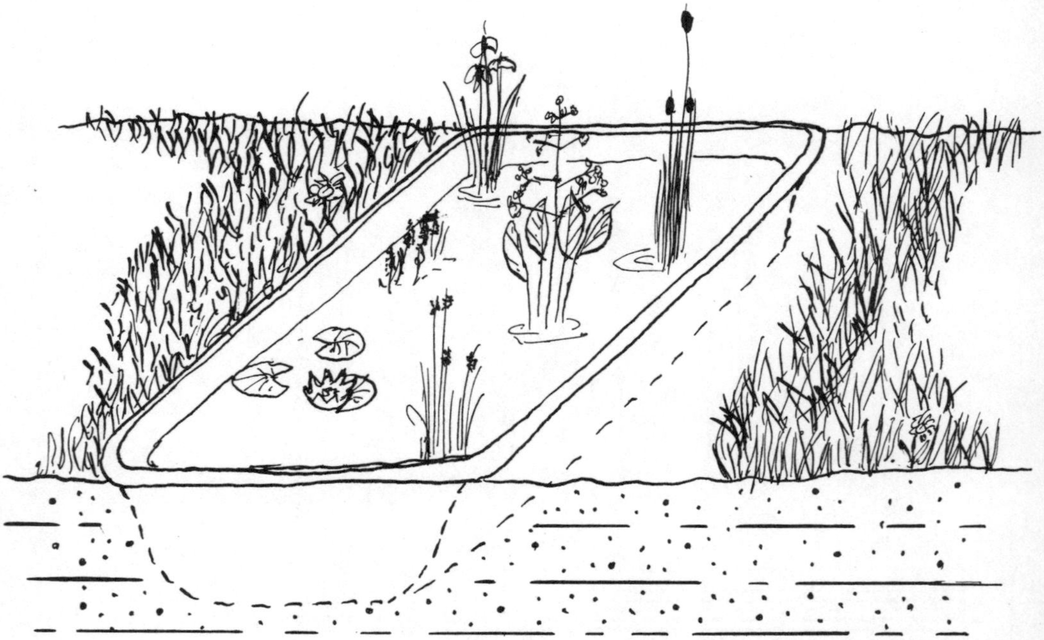

DACHPAPPENABDICHTUNG

Die Methode, Dachpappe als Abdichtung für ein Biotop zu verwenden, wird heute nicht mehr angewandt. Trotzdem sollte diese Art der Abdichtung hier erwähnt werden, da sie der Vorläufer der heutigen Teichfolienabdichtung ist. Mit dem Aufkommen der Teichfolie wurde dieses Verfahren verdrängt.

Die Vorbereitung der Mulde geht genauso vonstatten wie bei einem Folienbiotop. Auf steile Wände muß hier allerdings verzichtet werden. Dachpappe bzw. Bitumenpappe ist nicht so geschmeidig wie Folie. Deshalb dürfen hier nur leicht abfallende Böschungen bzw. Ränder geschaffen werden. Hierbei ist zu beachten, daß der Untergrund möglichst aus gewachsenen Boden besteht. Aufgeschüttete Böden sind nicht geeignet, denn durch späteres Setzen kann es später zu Rissen in der Abdichtung führen. Aufgeschüttete Böden setzen sich oft ungleichmäßig, deshalb sollte man bei einer Neuanlage darauf achten diese Schwachstelle auszuschalten. Die ausgehobene Mulde wird nun geglättet und mit einer Schicht Sand bedeckt. Da Pappe ja bekanntlich nicht so elastisch ist wie Folie, wird man hier nur Formen erstellen können, die ziemlich einfach, d. h. ohne Ausbuchtungen sind.

Nun wird die Pappe so ausgelegt, daß sie die nächste Bahn 10 cm überlappt. Die Bahnen werden nun mit Heißbitumen oder Kaltbitumen verklebt, Heißbitumen ist jedoch vorzuziehen, wenn man die Möglichkeit hat. Die Bahnen müssen gleichmäßig ohne Falten zu bilden aufliegen. Jedoch ist es mit dieser einen Lage nicht getan. Eine zweite, besser noch eine dritte Lage ist erforderlich, um eine wasserdichte dauerhafte Unterlage zu bekommen. Die Pappelagen werden möglichst ganz verklebt. Zum Abschluß werden die Bahnen mit Bitumen sorgfältig eingestrichen und mit Sand abgestreut.

Um einen festen Rand zu bekommen, kann man rings um die Mulde Ziegelsteine auslegen und die Pappe darüber schlagen. Hinter den Ziegelsteinen hebt man einen kleinen Graben aus, in den man die Pappe über die Ziegelsteine hinweg hineinlegt. Danach wird der Graben wieder mit Erde gefüllt und festgestampft. Vorher muß jedoch die Höhe ausgelotet werden, so daß der Rand auf allen Seiten die gleiche Höhe besitzt. Der Rand kann mit Rasensoden bis zur Wasserlinie belegt werden, sofern man keine andere Randgestaltung vorzieht. Mit der endgültigen Randgestaltung sollte man jedoch einige Tage warten, ebenso mit dem Einbringen von einer etwa 15 cm dicken Erdschicht, falls man Wasserpflanzen einbringen möchte. Nach dem Bepflanzen kann man zusätzlich eine Sandschicht einbringen, jedoch sollte es gewaschener Sand sein. Ungewaschener Sand verursacht beim Wassereinlassen eine starke Trübung. Wichtig ist es noch zu erwähnen, daß das Auslegen mit Pappe bei warmen Wetter geschehen sollte, da die Pappe sonst zu steif ist und sich schlecht verlegen läßt.

Pflanzen für das Sumpfbiotop

WINTERHARTE SUMPF- UND WASSERPFLANZEN

Wie schon erwähnt, sollen hier in erster Linie heimische Sumpf- und Wasserpflanzen besprochen werden, die auch in der freien Natur zusammenleben bzw. nebeneinanderstehen. Ein Biotop ist ja nichts anderes als eine Lebensstätte von verschiedenen Arten von Lebewesen und Pflanzen mit einheitlichen Lebensbedingungen (Biozönose).

Wasserpflanzen werden in *Überwasser-, Schwimm* und *Unterwasserpflanzen* eingeteilt.

In der flachen Uferzone stehen die Überwasserpflanzen. Sie stehen mit dem Fuß im Wasser, die Blätter und Blüten jedoch ragen heraus. Viele Pflanzen haben sowohl Überwasser- als auch Unterwasserblätter. Die Unterwasserblätter dienen vielen im Wasser lebenden kleinen Larven als Versteck, aber auch Wasserschnecken sind an ihnen zu finden. Diese Pflanzen stehen auch in der Sumpfzone, deshalb werden sie auch z. T. unter Sumpfpflanzen geführt.

Möchte man sich ein reines Sumpfbiotop anlegen, also ohne tieferen Wasserteil, pflanzt man diese leicht zu kultivierenden Pflanzen. Sie stehen hauptsächlich in Wassertiefen von 5–20 cm, wobei wechselnde Wassertiefen keine Rolle spielen. Ein Teil dieser Pflanzen kann aber auch in Zonen vorkommen, die zeitweise – auch jahresbedingt – ohne Wasser sind. In natürlichen Feuchtbiotopen kommt es häufig vor, daß durch reichliche Niederschläge eine Überschwemmung stattfindet oder durch längere Trockenheit kein Standwasser mehr vorhanden ist. In einschlägigen Pflanzenkatalogen werden deshalb oft Pflanzen für Feucht- und Sumpfgebiete unter den normalen Stauden angeboten, z. B. die Sumpfdotterblume (Caltha), die auch in feuchten Lagen wächst, die nicht unbedingt an einem Wasserlauf oder Teich liegen.

Über Pflanzen für diese Grenzgebiete zwischen feuchten und trockenen Lagen, also für die Uferzone, soll am Schluß nach den Sumpf- und Wasserpflanzen gesprochen werden. Als Sumpfpflanzen bieten sich an:

Binse, Juncus

Es gibt auf der Erde über 200 Binsenarten. In Wasserpflanzengärtnereien werden jedoch nur die Arten angeboten, die sich für ein Gartenbiotop lohnen. Diese benötigen einen seichten Wasserstand von 5–20 cm. Die meisten Arten werden bis zu 60 cm hoch und lieben kalkarmen Boden. In der freien Natur sind Binsen häufig in sauren, feuchten Wiesen anzutreffen. Die *Blaugrüne Binse, Juncus inflexus,* bildet Horste. Die *Knäuel-Binse, Juncus conglomeratus,* ist an den kugelförmigen Blütenständen zu erkennen.

Blumenbinse, Butomus umbellatus

Die Blumenbinse gehört trotz ihres deutschen Namens nicht zur Gattung Juncus (Binse). Die schöne Uferpflanze bildet einen kriechenden Wurzelstock, der aber keinesfalls wuchert, deshalb ist die Schwanenblume (wie sie auch genannt wird) für die Bepflanzung eines Gartenbiotops gut geeignet. Die Pflanze ist absolut winterhart und stellt keine besonderen Bodenansprüche. Sie verträgt einen Wasserstand bis 20 cm, kann aber auch im Sumpf stehen. Ein gelegentlich höherer Wasserstand schadet ihr auch nicht. Die Pflanze bildet doldenartige oder besser gesagt doldenähnliche Blüten. Die Blütenfarbe ist rötlich-weiß. Die Einzelblüten zeigen deutlich sichtbare rötliche Adern auf. Die Blütenstengel werden gerne von Blattläusen befallen. Die Blütezeit liegt im Juni bis August. Die Blütenstengel werden bis zu 100 cm hoch.

Blutweiderich, Lythrum salicaria

Der Blutweiderich ist eine typische Wechselpflanze, die sowohl unter den normalen Stauden als auch unter den Wasserpflanzen zu finden ist. In normalem Gartenboden wächst diese Art jedoch nicht so üppig wie in feuchten Lagen. Die purpurroten Blüten sind ährenförmig angeordnet und blühen etwa von Juli bis September. Die Pflanze wird je nach Standort bis zu 100 cm hoch.

Brennender Hahnenfuß, Ranunculus flammula

Dieser Hahnenfuß ist an feuchten Stellen fast immer anzufinden. Die kleinen hellgelben Blüten sind bedeutend kleiner als die des großen Hahnenfußes, der auch in feuchten Lagen wächst. Der Brennende Hahnenfuß liegt häufig mit den Stengeln im Wasser, was zu vermehrter Wurzelbildung entlang des Stengels führt. Diese tragen wiederum zum Gleichgewicht im Biotop bei, da sie dem Wasser Nährstoffe entziehen (s. auch Algenbildung). Dieser Hahnenfuß blüht den ganzen Sommer über bis in den Herbst hinein. Er wird 20–50 cm hoch. Als Beipflanze eignet sich Sumpfvergißmeinnicht.

Bachbunge, Veronica beccabunga

Die Bachbunge, auch unter dem Namen Ehrenpreis bekannt, kommt in Bächen und Gräben vor, die keinen tiefen Wasserstand haben. Sie benötigt einen tiefen Wasserstand bis zu 10 cm, verträgt aber vorübergehend auch mehr. Die fleischigen Blätter sind eliptisch und kurz gestielt. Die Blüten sind blau und in lockeren Trauben angeordnet, wobei die Blütezeit im Mai beginnt und bis zum Oktober dauert. Diese anspruchslose Pflanze eignet sich gut für ein Biotop; sie wird 30–60 cm hoch.

Froschlöffel, Alisma

Diese bekannte Sumpfpflanze ist weit verbreitet. Es gibt kaum ein Gewässer oder Feuchtgebiet in dem sie nicht zu Hause ist. Die Pflanze ist sehr artenreich. Die rispenartigen Blüten, in Etagen übereinander angeordnet, blühen je nach Standort und Art von Juni bis Oktober. Die abgeblühten Rispen kann man über Winter stehen lassen und sich an den bizarren Fruchtständen erfreuen, besonders wenn sie mit Rauhreif behaftet sind. Das Stehenlassen der Fruchtstände führt aber auch zur Selbstaussaat. Froschlöffel wächst sowohl im Wasser, (25–30 cm Wassertiefe), als auch in Feuchtgebieten, die vorübergehend trocken stehen können.

Als weitverbreitetste Art ist der *Gemeine Froschlöffel,* Alisma plantago-aquatica anzusehen. Der kräftige Wurzelstock sitzt sehr fest im Schlamm. Die Blütenfarbe reicht von Weiß bis Rosa. Die Blütenrispen werden bis zu 80 cm hoch. Die löffelblättrigen Laubblätter stehen auf sehr langen Stielen und sind rosettenähnlich angeordnet, leider werden sie häufig von der Rostkrankheit (Pilzkrankheit) befallen.

Eine weitere Art ist der *Lanzenblättrige Froschlöffel,* Alisma lanceolatum. Dieser Froschlöffel ist schmalblättrig. Der pyramidenförmige Blütenstand ist schön gleichmäßig ausgebildet und wird etwa 60 cm hoch.

Der *Grasblättrige Froschlöffel,* Alisma gramineum, hat – wie der Name schon sagt – grasartige, lanzettartige Blätter. Es gibt hiervon landwachsende und unterwasserwachsende Formen, also eine interessante Art.

Gilbweiderich, Lysimachia

Der *Gemeine Gilbweiderich,* Lysimachia vulgaris, ist eine in feuchten bis nassen Lagen anzutreffende, sehr widerstandsfähige Staude. Sie steht auch in niedrigen Gewässern bis 10 cm Wassertiefe. Die gelben Blüten sind in endständigen Rispen angeordnet und blühen von Juli bis August. Die zugespitzten, länglich-eiförmigen Blätter sind gegenständig oder zu dritt am Stengel angeordnet, sie reichen bis in die Blütenrispe hinein. Diese Pflanze verbreitet sich sehr schnell, besonders wenn sie gute

Bedingungen vorfindet. Sie bildet meterlange Ausläufer, die sich schnurgerade übers Wasser ziehen können. Diese Ranken bilden (ähnlich der Erdbeerausläufer) wieder Jungpflanzen. Der Gemeine Gilbweiderich kann schon bald im Biotop dominieren und schwächere Pflanzen verdrängen. Man muß ihm deshalb gelegentlich Einhalt gebieten und einen Teil der Pflanzen bzw. der Ausläufer entfernen. Er wird je nach Standort 60–120 cm hoch.

Igelkolben, Sparganium

Der Igelkolben wird wegen seines kugeligen stachligen Fruchtstandes so bezeichnet, der wie ein zusammengerollter Igel aussieht. Er wächst im seichten Wasser bis zu 30 cm Wassertiefe. Der Blütenstand teilt sich in weibliche und männliche Blüten. Die männlichen Blüten sind an drei Staubgefäßen zu erkennen, die weiblichen besitzen einen Fruchtknoten. In einschlägigen Katalogen werden häufig zwei Arten angeboten, nämlich der *Einfache Igelkolben* und der *Ästige Igelkolben.*

Der *Einfache Igelkolben,* Sparganium emersum, hat unverzweigte Stengel. Er ist in der freien Natur selten anzutreffen.

Der *Ästige Igelkolben,* Sparganium erectum, kommt häufiger vor. Diese Art ist verästelt und bildet auch an den Ästen oben männliche und unten weibliche Blüten.

Beide Arten blühen im Juni/Juli und werden je nach Standort 30–60 cm hoch, wobei der *Ästige Igelkolben* eher an der obersten Grenze liegt.

Iris

Neben den heimischen Wasserschwertlilien werden mehrere nichtheimische, jedoch ebenfalls winterharte Sumpfiris in einschlägigen Gärtnereien angeboten, die durchaus zu den heimischen Sumpf- und Wasserpflanzen passen.

Amerikanischer Sumpfiris, Iris versicolor

Die amerikanische Sumpfiris kann im seichten, etwa 5 cm tiefen Wasser stehen. Sie zählt zu den sogenannten botanischen Irisarten, doch gibt es davon auch Kulturformen. Die Amerikanische Sumpfiris wurde aus Nordamerika bei uns eingebürgert. Die violettroten Blüten mit ihren waagerechten Hängeblättern sind eine Bereicherung für jedes Sumpfbiotop. Sie blüht im Juni/Juli und wird etwa 80 cm hoch.

Japanische Sumpfschwertlilie, Iris kaempferi

Die japanische Sumpfschwertlilie, die zwar wie die anderen Sumpfirisarten von Mai bis Juli im Sumpf oder flachen Wasser stehen kann, möchte ab August trockener stehen. Das ist auch ein Grund, weshalb man sie in den Gärten wenig sieht. Sie eignet sich aber gut zur Randbepflanzung, wo man sie bis zur Blüte feucht und nach der Blüte trockener halten kann. Die frischgrünen Blätter zeigen deutlich eine erhöhte Mittelrippe (Unterscheidungsmerkmal). Die Blüten sind groß und werden von den Züchtern als »radförmig« bezeichnet. Der Standort muß sonnig sein, in Schattenlagen kommt es kaum zur Blütenbildung. Ebenso läßt die Blütenbildung nach, wenn die Pflanzen vor der Blütenbildung trocken stehen, sie sind gerade dann auf Feuchtigkeit angewiesen.

Die Hauptblütezeit dieser schönen Iris liegt im Juli. Blüten mit einem Durchmesser von 15–20 cm sind keine Seltenheit. Die Höhe liegt je nach Sorte zwischen 60 und 80 cm. Das Sortiment der Züchtungen ist sehr nuancenreich und geht von Weiß über Rosa bis zum Purpurblau. Einige empfehlenswerte Sorten sind: ›Aoigata‹ (violettrot), ›Hakubotan‹ (reinweiß), ›Hakuryuden‹ (purpurrot), ›Lustige Witwe‹ (weiß mit lila Adern), ›Seemann‹ (violettblau), ›Toryumon‹ (rosa, an der Basis weiß).

Sibirische Iris, Iris sibirica

Diese schöne heimische blaue Iris kommt leider nur selten in der freien Natur vor und ist deshalb vollkommen geschützt. Bedingt durch ihre bläulichen, grasartigen Blätter wird sie auch Grasiris genannt. Die Blüten öffnen sich ab Mai bis Juli. Der Boden sollte kalkreich und wechselfeucht sein, sie verträgt aber auch vorübergehend seichten Wasserstand. Sie wird in Wasserpflanzengärtnereien angeboten; niemals in der freien Natur ausgraben! Sie variiert in der Höhe von 30–120 cm. Diese Iris kommt in Europa, Kleinasien und Sibirien wildwachsend vor, doch gibt es viele Gartenzüchtungen. Einige empfehlenswerte Zuchtsorten sind:

- ›Blue Cape‹ (leuchtend dunkelblaue Blüten), 90 cm;
- ›Bluemere‹ (auffallende enzianblaue Blüten), 90 cm;
- ›Cambridge‹ (schöne türkisblaue Blüten, an der Basis weiß und gelb gefleckt), 80 cm;
- ›Mountain Lake‹ (lichtblaue Blüten an verzweigten Stielen), 50 cm;
- ›Mrs. Rowe‹ (silberweiß mit lawendelrosa), 80 cm;
- ›White Swirl‹ (reinweiß, am Rande gekrauste Blüte), spätblühend, 120 cm.

Sumpfiris, Iris laevigata

Diese schöne Sumpfiris stammt aus Ostasien und verlangt einen nassen Standort oder einen seichten Wasserstand bis 5 cm Tiefe während des ganzen Jahres. Der Standort muß sonnig sein, der Boden kalkarm. Sie kann auch in Gefäßen gepflanzt werden und mit diesen dann ins Wasser gestellt werden. Die Blütezeit liegt im Juni/Juli also nach der heimischen gelben Wasserschwertlilie Iris pseudacorus. Die Blätter dieser Lilie sind glatt ohne Mittelrippe. Die Wuchshöhe liegt bei der Stammform bei etwa 60 cm, bei den Zuchtformen 80–100 cm. Neben der blauen Stammform gibt es zwei schöne Gartenformen, die durch Kreuzungen entstanden sind. Die Sorte ›Monstrosa‹ bringt auffallende große tiefblaue Blüten mit weißer Mitte. Die Sorte ›Rose Queen‹ bringt rosa Blüten.

Wasserschwertlilie, Iris pseudacorus

Die heimische Wasserschwertlilie ist in ganz Europa anzutreffen, wenn sie auch in manchen Gegenden schon selten geworden ist. Sie blüht ab Mai mehrblütig an einem Blütenstengel. Die äußeren gelben Blütenblätter sind innen dunkel gefleckt. Die Blätter sind schwertförmig und bis zu 3 cm breit. Die Pflanze wächst sowohl ständig im Wasser stehend, als auch an Standorten, die nur gelegentlich überschwemmt sind. Der Wurzelstock ist knollig, die zahlreichen Wurzeln verankern sich sehr fest im Boden, so daß ein Herausziehen der Pflanze von Hand meistens nicht möglich ist ohne sie abzureißen. Die Wasserschwertlilie steht meistens einzeln, allerdings ist der Wurzelstock ziemlich verzweigt, so daß die Pflanze als Ganzes häufig wie mehrere zusammenstehende Pflanzen wirkt. Die Wuchshöhe liegt bei 80–100 cm. Iris pseudacorus ›Variegatus‹ ist eine buntblättrige Wasserschwertlilie mit gelblich-weißbunten Blättern, sonst wie o. a. Art.

Sumpfsiegwurz, Gladiolus palustris

Die Wildform der Gladiole, die Sumpfsiegwurz, oder Schlangenkraut wie sie auch genannt wird, ist auf sumpfigen Wiesen mit humösen Tonböden, aber auch auf Moorwiesen zu finden. Die Gattung zählt zur Familie der Schwertliliengewächse. In den Monaten Juni/Juli bringt sie purpurrote Blüten, deren untere drei Blütenblätter weiße Streifen besitzen. Die Blüten sind in einer lockeren Ähre von 3–7 Stück angeordnet. Die etwa nußgroßen Knollen werden im Spätsommer, aber auch noch im zeitigen Frühjahr 15–20 cm tief gepflanzt. Zeitweiliger Wasserstand, besonders im Sommer, kommt ihrer Lebensgewohnheit in der freien Natur sehr nahe (Überschwemmungszonen), dagegen kann sie über Winter relativ trocken stehen. Es ist eine Gattung, die auch in kleineren Biotopen (schon von einem Quadratmeter) verwendet werden kann. Sie steht unter vollem Naturschutz und ist vom Aussterben bedroht! Sie bringt je nach Standort 30–60 cm hohe Blütenstände.

Pfeilkraut, Sagittaria sagittifolia

Das Pfeilkraut zählt zu den Froschlöffelgewächsen und wächst im Wasser von 10–30 cm Tiefe. Doch kann es durchaus vorkommen, daß es auch tiefer im Wasser anzufinden ist. Auch kann es an Stellen stehen, die nur gelegentlich unter Wasser stehen, also eine flexible Pflanze, die gut in ein Biotop paßt. Im tieferen Wasser bildet die Pflanze handförmige Unterwasserblätter, man kann es an Seen beobachten. Wenn man sich das Aussehen der Pflanze einprägt wird man feststellen, wie verschieden sie aussehen kann. Sie hat weibliche und männliche Blüten, die männlichen stehen über den weiblichen, meistens zu dritt angeordnet. Diese schöne Wasserpflanze ist in der freien Natur leider selten anzufinden, obwohl sie nicht einzeln sondern immer in größeren Beständen vorkommt. Interessant ist die Überwinterung dieser Pflanze. Sie bildet nämlich hasel- bis walnußgroße Knollen, die sogar eßbar sind. Im Frühjahr treiben die Knollen aus und bringen die Blätter hervor, später folgen die Blüten. Vorher sinken die Knollen auf den Wassergrund ab. Die pfeilförmigen Blätter sind von verschiedener Breite. Die Blüte ist weiß, am Grund rötlich oder violett, die Blütezeit liegt im Juni/Juli, manchmal auch noch später.

Es gibt eine Reihe von eingeführten Arten, die bei uns in Gärtnereien gezüchtet bzw. vermehrt werden. Zu nennen sind *Sagittaria latifolia, Sagittaria graminea* oder *Sagittaria sinensis*. Die Höhe liegt bei etwa 50 cm.

Pfennigkraut, Lysimachia nummularia

Das Pfennigkraut ist eine alte Heilpflanze. Diese Art kommt als Land- und Wasserform vor, das zeigt die vielfache Verwendbarkeit dieser Pflanze.

Die Landform zeigt sich kriechend am Boden, während sich die im Wasser wachsende Form meist aufrechtstehend zeigt. Die Landform bringt gelbe Blüten, die innen rötlich sein können. Sie kommen als Einzelblüte oder zu zweit vor. Die runden bis eiförmigen Blätter sind gegenständig angeordnet. Die Landform verbreitet sich schneller als die Wasserform, die nicht in größeren Ansammlungen auftritt. Die Blütezeit liegt im Juni/Juli, die Höhe reicht von 5–30 cm.

Rohrkolben, Typha

Rohrkolben sind weit verbreitet, man trifft sie bestimmt in den heimischen Teichen und Sümpfen an, aber auch in sehr feuchten Wiesen sind sie angesiedelt. In der Hauptsache sind es die beiden hohen Arten, nämlich der *Breitblättrige Rohrkolben,* Typha latifolia und der *Schmalblättrige Rohrkolben,* Typha angustifolia. Neben den breiten oder schmalen Blättern unterscheiden sich die beiden Arten noch durch den Kolben. Die breitblättrige Art besitzt einen Kolben der aus weiblichen und männlichen Blüten besteht. Die männlichen Blüten sitzen unmittelbar über den weiblichen. Beide Blütenkolben (der männliche und weibliche) sind etwa gleich lang. Der reife weibliche Blütenkolben wird schwarzbraun und wird gerne für die Trockenbinderei verwendet, er kann bis zu 15 cm lang werden. Der männliche Kolben stirbt ab und vertrocknet, der Stengel sitzt dann wie eine Antenne auf dem weiblichen Kolben. Die Pflanze selbst kann je nach Standort bis zu 250 cm hoch werden. Legt man keinen Wert auf die Blüte bzw. den Kolben, schneidet man die Blütenstengel am Stengelgrund ab. Man kann sie auch über Winter stehen lassen (s. Kap. Winter), das schadet dem Biotop bestimmt nicht.

Rohrkolben besitzen eine starke Triebkraft. Die kräftigen rhizomartigen Ausläufer unter Wasser können auch dünne Folien durchstoßen.

Die schmalblättrige Art unterscheidet sich neben den schmaleren Blättern auch durch den dünneren weiblichen Blütenkolben. Trifft man eine der Arten alleine, kann man sie gut am Kolben unterscheiden. Während, wie oben schon erwähnt, bei der breitblättrigen Art der männliche Kolben unmittelbar auf dem weiblichen sitzt, ist bei der schmalblättrigen Art immer ein Abstand zwischen den Kolben vorhanden. Das können 5 cm, in Extremfällen auch 10 cm sein. Die beiden Kolben sind durch den eigentlichen Stiel verbunden. Der reife weibliche Kolben ist rötlich-braun. Der männliche Kolben vertrocknet auch bei dieser Art bald nach der Blüte.

Die Blütezeit für beide Arten liegt im Juli/August. In einschlägigen Gärtnereien werden noch andere Typha-Arten angeboten, so daß man auch für das kleinste Biotop noch Rohrkolben verwenden kann.

Typha laxmannii wird etwa 150 cm hoch, bildet schmale Blätter und rotbraune Kolben.

Typha minima, der kleinste Rohrkolben, wird nur etwa 50 cm hoch. Er fühlt sich bei einer Wassertiefe von 5–10 cm wohl. Man kann ihn auch in Gefäße pflanzen und diese dann ins Wasser stellen. Der Kolben dieser Art ist rundlich, keulenförmig, jedoch nicht immer gleich geformt und wird nur etwa 4 cm lang. Der männliche Kolben ist vom weiblichen etwas abgesetzt und etwa gleich lang. Der Blütenstiel besitzt kein Blatt. Es ist ein Rohrkolben für kleinste Biotope, der bei gutem Lehmboden gut wächst. Man sollte ihn nur aus Gärtnereien beziehen, in der freien Natur ist er sehr selten.

Eine weitere Art ist *Typha stenophylla.* Eine ebenfalls schmalblättrige Art, die eine Höhe von maximal 150 cm erreicht. Die länglichen braunen

Kolben werden bis zu 8 cm lang. Auffallend ist bei dieser Art, daß der männliche (obere) Kolben fast zweimal so lang ist als der weibliche, auch er ist abgesetzt. Diese Art eignet sich ebenfalls für kleinere Anlagen.

Generell sei zu den Rohrkolben-Arten gesagt, daß sie sich nicht in Maße zwängen lassen. Standort, Bodenverhältnisse, Nachbarschaftspflanzen und vieles mehr sind maßgebend für Höhe, Länge des Kolbens und Wuchsfreudigkeit. Dennoch gehört der Rohrkolben, welche Art auch immer, in ein Biotop.

Rosen- oder Sumpfprimel, Primula rosea

Diese kleine zierliche Primel zählt zu den schönsten Primelarten. Sie wird in einschlägigen Katalogen zwar meistens nicht unter den Sumpfpflanzen sondern unter den normalen Stauden angeboten, doch benötigt sie zum guten Gedeihen unbedingt einen feuchten bis nassen Standort. Sie verträgt auch einen Wasserstand von 2–5 cm.

Im zeitigen Frühjahr (März), noch bevor die Blätter entwickelt sind, zeigt sie ihre leuchtendrosa Blüten. Sie eignet sich gut für die Randzone zwischen Wasser und Sumpf. Sie möchte einen lehmigen Boden, der nie austrocknen darf, unter Umständen kann sie dann eingehen. Im Herbst zieht diese Primelart die Blätter ganz ein, sie überwintert ohne Blätter, bildet aber eine kleine geschlossene Rosette, ähnlich einer Knospe. Im Gegensatz zu anderen Primel-Arten benötigt sie eine winterliche Ruhezeit.

Die Sumpfprimel läßt sich leicht aus Samen ziehen. Aussaat im zeitigen Frühjahr, sobald man die Sämlinge fassen kann werden sie pikiert und wenn sie erstarkt sind an Ort und Stelle ausgepflanzt. Die Blütenstengel erreichen eine Höhe von 10–20 cm.

Segge, Carex

Seggen wachsen in sumpfigen sauren Böden, jedoch auch im seichteren Wasserstand von 5 cm. Es gibt eine Reihe von Arten. Diese Gräsergruppe hat scharfe und kantige Halme. Die größte Gruppe wird meistens unter »winterharte Ziergräser« geführt und angeboten, weniger unter Wasser- und Sumpfpflanzen.

Häufig ist die *Scharfe Segge,* Carex gracillis, an Gräben und Sumpfwiesen anzutreffen. Diese Art bildet männliche und weibliche Ähren, die männlichen stehen über den weiblichen, sind aber in der Minderzahl. Für das kleinere Gartenbiotop ist diese Segge weniger geeignet, da sie sehr stark Ausläufer treibt.

Die *Morgensternsegge,* Carex grayi, hat ihren Namen wegen den sternartigen Fruchtständen bekommen. Sie wird etwa 80 cm hoch und verträgt zeitweiligen seichten Wasserstand. Die Blätter sind dreikantig, linearisch-lanzettlich ausgebildet. Sie wird in einschlägigen Gärtnereien angeboten.

Eine in Europa weit verbreitete Art ist die *Ufer-Segge,* Carex riparia. Sie bildet dreikantige Stengel und ebenfalls weibliche und männliche Ähren. Diese Art wird bis 150 cm hoch.

Eine interessante Art ist die *zyperngrasähnliche Segge,* Carex pseudocyperus, die ebenfalls in Europa weit verbreitet ist. Ihre scharfkantigen Stengel sind von hellgrüner Farbe. Die männlichen Ähren stehen über den weiblichen wobei jeder Blütenstengel nur eine männliche Ähre besitzt, die endständig über mehreren weiblichen Ähren sitzt. Diese Art wird etwa 100 cm hoch.

See- oder Teichsimse, Scirpus lacustris

Die See- oder Teichsimse kann in der freien Natur die beachtliche Höhe von 250–300 cm erreichen wenn sie gute Bedingungen vorfindet. Sie ist praktisch die letzte, feststehende Pflanze zum offenen Wasser bevor die Schwimmpflanzen beginnen. Sie kann Stengel von beachtlicher Dicke bilden, nämlich 1–1½ cm, sie steht aufrecht, nur wenn der Blütenstand ausgebildet ist neigen sie sich leicht. Die Stiele sind blattlos, nur unter Wasser am Grund bilden sich kurze Blätter von unterschiedlicher Länge. Der Blütenstand ist endständig. Es sieht flüchtig betrachtet so aus, als ob der Blütenbüschel seitwärts aus dem Stiel heraustreten würde. Doch was wie eine Verlängerung des Stieles aussieht ist nichts anderes als das Hüllblatt der Blüte, das hochsteht. In kleineren Biotopen bleibt die Teichsimse entsprechend kleiner, sie stellt sich in ihrer Größe auf das Umfeld bzw. auf die Wassertiefe ein.

Die *Sumpf-Simse,* Eleocharis palustris, weicht nicht nur vom botanischen Namen her, sondern auch vom zierlichen Aussehen von der vorgenannten Art ab. Sie ist fast auf der ganzen Erde verbreitet. An der Spitze der Stengel bildet sie eine kleine braune Ähre, die ab Juni blüht. Sie fühlt sich im seichten Wasser wohl und erreicht eine Höhe bis zu 50 cm.

In Gärtnereien wird eine *Weiße Seesimse,* Scirpus lacustris ›Albescens‹ angeboten. Es handelt sich hier um eine gelblich-grüne bis weiße, längsgestreifte Form. Sie bringt Abwechslung in die Teich- und Sumpflandschaft und wird 100–150 cm hoch. Man sollte diese Form in nicht zu nährstoffreichen Boden pflanzen, dadurch behält sie eine langanhaltende intensive Färbung. Nährstoffreicher Boden bringt zwar kräftige Pflanzen, aber wenig Ausfärbung.

Die *Zebrasimse,* Scirpus tabernaemontani ›Zebrinus‹, in Gärtnereien erhältlich, ist eine ebenfalls Abwechslung bringende Simse. Interessant sind die gelbweißen Querstreifen an ihren Blättern. Ein seichter Wasserstand sagt dieser Simse zu. Ein Vergrünen der Blätter kommt bei zu nahrhafter Erde vor. Es sind immer die älteren Blätter die vergrünen, die jungen Blätter zeigen die schöne Farbe. Neben einer Pflanzung in nicht zu nährstoffreichen Boden kann man einem Vergrünen auch durch öfteres Umpflanzen vorbeugen. Mit 120 cm erreicht die Zebrasimse eine stattliche Höhe.

Sumpfkalla, Calla palustris

Die Sumpfkalla, im Volksmund auch Schweinsohr genannt, ist eine in Sumpfstellen und Heidemooren anzutreffende heimische Pflanze. Die rundlichen, gewellten, leicht herzförmigen Blätter sind langgestielt. Die Pflanze bildet lange starke kriechende Rhizome, die grün bleiben, das brachte ihr auch den Namen Schlangenwurz ein. Die Pflanze ist giftig. Früher wurde sie auch als Mittel gegen Schlangenbiß verwendet. Der grünliche Blütenkolben steht über dem weißen Blütenblatt, das an der Unterseite ebenfalls grünlich ist. Der Blütenkolben blüht im Juni/Juli, manchmal auch schon im Mai. Der Fruchtstand besteht aus scharlachroten Beeren. Die Sumpfkalla verträgt einen Wasserstand bis zu 20 cm. Die Wuchshöhe liegt zwischen 15 und 20 cm.

Sumpfdotterblume, Caltha palustris

Die Sumpfdotterblume sollte eigentliche in keinem Feuchtbiotop fehlen. Sie wächst in der freien Natur an Bachrändern, Teichen, in Sumpfgebieten, aber auch auf feuchten Wiesen. In der Alpenregion ist sie auch in lichten Wäldern anzutreffen. Doch leider zieht sie sich immer mehr zurück, da ihr häufig der Lebensbereich, die natürliche Uferzone oder die Feuchtwiesen, durch Begradigungen bzw. Trockenlegen, entzogen wird. Was wäre ein Frühling ohne sie?

Die heimische Art, Caltha palustris, liebt nährstoffreichen Lehmboden. Der Wurzelstock ist sehr kräftig, er bildet eine Vielzahl von Wurzeln, so daß er sich kaum von Hand herausziehen läßt. Die Blüten erscheinen schon im April sehr zahlreich. Die Vermehrung geschieht häufig durch Selbstaussaat, der Samen schwimmt auf der Wasseroberfläche. Es gibt Pflanzen, die in freier Natur das ganze Jahr über im seichten Wasser stehen und Pflanzen, die überhaupt nicht oder nur zeitweise im Wasser stehen. Im Sommer werden die rundlichen, nierenförmigen glänzenden Blätter gerne vom Mehltau befallen (weißer Pilzbelag), das ist häufig wetterbedingt. Das sollte den Wasserpflanzenfreund aber nicht abhalten, diese schöne Staude zu pflanzen.

Die gefüllte Form, *Caltha palustris ›Multiplex‹,* ist in Gärtnereien zu beziehen, es handelt sich hier um eine Kulturform. Die gefüllten Blüten sind von einem kräftigen Goldgelb, lange Blütezeit zeichnet sie aus. Bei gutem Standort und guten Bodenverhältnissen kann sie sogar noch ein zweites Mal im Herbst blühen, die Regel ist es aber nicht. Die gefüllte Form ist etwas »wasserscheu«, d. h. sie möchte nur gelegentlich im Wasser stehen. Ansonsten entspricht Wuchshöhe und Wuchsart der einfachen Art. Zu erwähnen wäre noch die weißblühende nicht heimische Art, die im Himalajagebiet beheimatet ist. Es handelt sich um *Caltha palustris var. alba.* Sie bildet kleinere Blätter als die beiden vorgenannten Formen und wird etwa 20 cm hoch.

Sumpfschachtelhalm, Equisetum palustre

Der Sumpfschachtelhalm kann leicht mit dem *Teichschachtelhalm* verwechselt werden. Jedoch ist der Standort des Sumpfschachtelhalmes immer nur in sumpfigen Gebieten anzutreffen, während der Teichschachtelhalm immer im Wasser steht. Natürlich kann es auch vorkommen, daß der Sumpfschachtelhalm vorübergehend im Wasser steht, wenn z. B. das Sumpfgebiet überflutet wird, doch die Regel ist es nicht.

Alle Schachtelhalmarten treiben aus kriechenden unterirdischen Sprossen ihre Triebe. Zu erwähnen ist noch, daß der Sumpfschachtelhalm wieder schwer zu entfernen ist, wenn er einmal richtig Fuß gefaßt hat, denn jedes Sproßstückchen, das einen Knoten besitzt, treibt wieder aus.

Der Teichschachtelhalm kann bis zu 150 cm hoch werden, während es der Sumpfschachtelhalm nur auf eine Höhe von 50–60 cm bringt.

Sumpfvergißmeinnicht, Myosotis palustris

Das Sumpfvergißmeinnicht mit seinen frischgrünen Blättern hat im Gegensatz zu der zweijährigen Art einen ausläuferbildenden Wurzelstock. Es zählt zu den Stauden, also zu den ausdauernden Gewächsen. Die hellblauen Blüten sind locker traubenförmig angeordnet. Diese Art blüht von Mai bis in den September hinein, bei gutem Standort sogar bis zum ersten Frost. Das Sumpfvergißmeinnicht ist in der freien Natur sowohl am Wasser wie auch in feuchten Wiesen anzutreffen. Die Sorte ›Thüringen‹ wird häufig in Staudengärtnereien angeboten. Es eignet sich z. B. gut in der Nachbarschaft mit *Brennenden Hahnenfuß,* sie blühen etwa ab Juli gemeinsam. Die Wuchshöhe liegt bei etwa 30 cm.

Tannenwedel, Hippuris vulgaris

Der Tannenwedel ist leicht zu erkennen. Die aus dem Wasser ragenden Triebe tragen tannennadelähnliche Einzelblättchen in Quirlen angeordnet. Eine Verwechslung mit anderen Wasserpflanzen ist nicht möglich. Die Blüten sind unscheinbar, sie sitzen in den Blattachseln und bestehen nur aus einem Staubblatt und Fruchtknoten. Die Pflanze ist ausdauernd und bildet kriechende Triebe, bei guten Voraussetzungen vermehrt sie sich rasch.

Der Tannenwedel erscheint meist als Überwasserpflanze. Ein Drittel oder die Hälfte der Pflanze steht im Wasser, der übrige Teil ragt aus dem Wasser. Die Triebe sind röhrenförmig und reißen beim Herausziehen leicht ab. Die Nadelblättchen sind dunkelgrün. Der unter Wasser stehende Teile hat schmale Blätter, die schlaff im Wasser hängen und graugrün aussehen. Es gibt aber auch totale Unterwasserpflanzen von dieser Gattung, d. h. Pflanzen, die keine aus dem Wasser herausragende Triebe besitzen. Diese Pflanzen kommen in Seen und Teichen in Tiefen von 200 cm und mehr noch vor, ihre Blätter sind aber nicht nadelartig, sondern linearisch und häufig größer als die der Überwasserblätter. Gelegentlich kommen Pflanzen vor, die nicht im Wasser, sondern lediglich im Sumpf oder feuchten Stellen stehen. Diese Pflanzen bleiben gedrungen und werden kaum höher als 20–25 cm. Gelbaussehende Wedel deuten darauf hin, daß der Boden wenig kalkhaltig (sauer) ist, denn der Tannenwedel liebt kalkhaltigen (alkalischen) Boden. Bei günstigen Standort- und Wasserverhältnissen muß man den Vermehrungsdrang dieser Pflanzen eindämmen und einen Teil der Triebe entfernen. Man kann aber auch den Drang zur Ausbreitung eindämmen, indem man die Pflanzen in Töpfen oder Containern pflanzt und diese dann ins Wasser stellt. Doch häufig wachsen sie mit der Zeit über die Gefäße hinaus und verankern sich außerhalb davon.

Bei einer Wassertiefe von 20 cm kann man mit einer Wuchshöhe von 40–50 cm rechnen.

SCHWIMMPFLANZEN

Als Schwimmpflanzen bezeichnet man Pflanzen, die mit Hilfe ihrer Blätter (Schwimmblätter) auf der Wasseroberfläche schwimmen. Die meisten Schwimmblätter sind von Natur aus so beschaffen, daß sie eine glatte, lederartige Oberfläche besitzen. Es gibt Schwimmpflanzen, die im Grund des Gewässers verankert sind und ihre Nahrung aus dem Boden aufnehmen (Teichrose, Mummel) und solche, die tatsächlich nur im bzw. auf dem Wasser schwimmen, keine Bodenberührung haben und ihre Nahrung direkt aus dem Wasser nehmen. Sie besitzen zwar auch feine Wurzeln, doch sind diese ganz auf die Nahrungsaufnahme aus dem Wasser ausgerichtet.

Schwimmpflanzen bilden oft dichte Decken an der Wasseroberfläche,

langgestielt sind. Sie besitzen fünf Blütenblätter und blühen von Juni bis in den August hinein. Es ist eine liebliche Pflanze, wenn sie in Blüte über dem Wasser steht, leider wird auch sie immer seltener, obwohl sie leicht saure Gewässer liebt.

Wasserknöterich, Polygonum amphibium

Der Wasserknöterich kommt hauptsächlich in stehenden Gewässern vor. Er verträgt wechselnde Wasserstände, ja, er kommt sogar zeitweise ohne Wasser (z. B. in Teichen, die abgelassen werden) aus. Die Schwimmblätter sind lang, stumpf zugespitzt (elliptisch) und glatt. Die Stengel benötigen eine Wassertiefe von mindestens 30 cm, sie werden bis zu 100 cm lang. Die Blüte besteht aus einer rosablühenden Ähre und blüht von Juni bis in den September hinein. Seine Anpassungsfähigkeit und seine Anspruchslosigkeit zeichnen den Wasserknöterich aus.

Wasserlinse, Lemna

Die *Kleine Wasserlinse,* Lemna minor, ist die am häufigsten vorkommende Form. Sie tritt in stehenden Gewässern sehr oft auf. Die Schwimmblättchen haben einen Durchmesser von 2–3 mm. Auf der Unterseite ragt eine Fadenwurzel ins Wasser.

Die *Große Wasserlinse,* Spirodela polyrhiza, hat einen Blattdurchmesser von 4–5 mm. Sie ist an der rötlichen Unterseite und an den Wurzelbüscheln zu erkennen. Sie benötigt viele Nährstoffe und ist seltener anzutreffen

Zu den weiteren Mini-Schwimmpflanzen zählt auch die *Buckelige Wasserlinse,* Lemna gibba, sie liegt in der Größe zwischen der *Kleinen* und *Großen Wasserlinse.* Ihre Form ist gewölbtrund bis eiförmig, an der Unterseite ist sie weiß. Sie besitzt ebenfalls nur eine Wurzel und ist wie die *Große Wasserlinse* nährstoffliebend. Außerdem liebt sie wärmeres Wasser als die beiden anderen Arten und ist deshalb bei uns seltener anzutreffen.

Schließlich gibt es noch eine Wasserlinse, die meist untergetaucht ist, nämlich die *Dreifruchtige Wasserlinse* oder auch *Untergetauchte Wasserlinse,* Lemna trisulca. Diese Wasserlinse kommt nur zur Blütezeit an die Wasseroberfläche, sonst bleibt sie untergetaucht, sie wird deshalb in der Literatur zu den Unterwasserpflanzen gerechnet. Die Laubblättchen sind kreuzweise angeordnet und besitzen an der Unterseite eine Wurzel. Häufig hängt eine Vielzahl von Blättchen zusammen.

Wasserlinsen breiten sich bei günstigen Bedingungen sehr aus. In Fischteichen kommen sie kaum vor, da sie von verschiedenen Fischarten gerne als Grünfutter angenommen werden. Auch Enten nehmen sie gerne als Zusatzfutter an. Nehmen Wasserlinsen überhand, lassen sie sich leicht abfischen. Im Herbst sinken Wasserlinsen auf den Gewässergrund ab und überwintern dort, dabei sind die Spaltöffnungen geschlossen.

Wassernuß, Trapa natans

Die Wassernuß ist keine ausdauernde, sondern eine einjährige Pflanze. Sie entwickelt sich jedes Jahr neu aus der vierstacheligen Frucht, die sie bildet. Die Schwimmblätter sind rautenähnlich, buchtig gezähnt. Sie bilden eine schwimmende Rosette, die sich im Herbst rot färbt. Die kleinen weißen Blüten mit ihren vier weißen Blütenblättern sind recht unscheinbar. Die Pflanze verankert sich in 10–20 cm Wassertiefe im Grund. An den Stielen wachsen etagenweise gefiederte Wurzeln. Die Wassernuß tritt in stehenden Gewässern oft in Massen auf.

Seerose, Nymphaea alba

Die heimische Seerose gehört zu den geschützten Pflanzenarten. Sie ist in ruhigen Gewässern anzutreffen. Sie bildet starke Rhizome, die die Robustheit dieser Pflanze unterstreichen. Sie kommt in Wassertiefen bis zu 200 cm vor, doch gibt es auch Varianten, die sich seichteren Standorten angepaßt haben. Die typischen lederartigen Schwimmblätter sterben nach einiger Zeit ab. Jedes abgestorbene Blatt hinterläßt am Rhizom eine Narbe, deshalb das rauhe narbenartige Aussehen. Die Blüten erreichen einen Durchmesser von 9–12 cm und erreichen nicht die Größe der gezüchteten Hybriden. Es gibt noch weitere Wildarten, die aber bei uns nicht beheimatet sind.

Die heimische Seerose blüht gegenüber anderen Arten und Züchtungen schon sehr früh am Morgen, nämlich gegen 7 Uhr auf und schließt ihre Blüten am späten Nachmittag. Nach dem Verblühen schließt sich die Blüte vollends, so daß sie wieder wie eine Knospe aussieht. Danach sinkt sie auf den Boden ab. Die Frucht ist kugelförmig, verfault aber, wenn sie nicht befruchtet wurde. Die heimische Seerose vermehrt sich auch durch Samen (Selbstaussaat).

Pflanzzeit

Die beste Pflanzzeit für die Seerose ist das Frühjahr. Heute werden Seerosen fast nur mit Topfballen bzw. Containern angeboten, so daß man natürlich auch im Sommer noch pflanzen kann. Sie wachsen bei einer Wassertemperatur von 15°C gut an. Im Frühjahr ist natürlich vom Austrieb her gesehen die Pflanzzeit optimal, da noch nicht viel Blattwerk entwickelt wurde und die Pflanze mehr Kraft hat, sich an ihrem neuen Standort einzuwurzeln. Seerosen bilden das ganze Jahr über neues Blattwerk, das alte stirbt ab. Deshalb ist die Befürchtung, daß die Seerose krank ist, wenn sie gelegentlich gelbe Blätter aufweist, überflüssig. Seerosen in Körben gepflanzt haben mehrere Vorteile. Man kann Pflanzkörbe aus Kunststoff und aus Weiden geflochten verwenden. Pflanzkörbe aus Kunststoff sind beständig. Das Einpflanzen in geeignete Erde (gute Lehmerde mit Torf vermischt) ist problemlos. Bei Wiederverwendung sollten die Kunststoffkörbe gereinigt werden.

Das Rhizom wird schräg in den Korb gelegt, mit Erde bedeckt und angedrückt. Es darf nicht zu tief gepflanzt werden. Man kann die durchlässigen Pflanzkörbe mit Zeitungspapier auslegen bevor man sie mit Erde füllt. Werden die Pflanzgefäße ins Wasser gesenkt, ist es wichtig, daß sie vorher gründlich angegossen werden; trockene Erde schwemmt auf. Beim Kauf von Seerosen sollte immer Container- bzw. Topfware der Vorzug gegeben werden, bei diesen Pflanzen erübrigt sich die Sorge um das Anwachsen, das gilt generell für alle Wasserpflanzen.

Weidenpflanzkörbe halten nicht ewig, deshalb verwendet man sie für Gewässer, in denen man die Pflanzen auf Dauer belassen möchte. Weidenkörbe lösen sich mit den Jahren auf und die Seerose faßt im Boden des Gewässers Fuß.

Die Wassertiefe darf nicht unter 50–60 cm liegen – bei Pflanzgefäßen vom oberen Rand gemessen – sofern man die Gefäße über Winter im Wasser beläßt. Die heimische Art wird sehr ausladend, das sollte bei der Pflanzung berücksichtigt werden; sie kann (je nach Wassertiefe) bis zu 3 m^2 Platz beanspruchen. In der Regel kommt man mit einer Pflanze aus, denn spätestens im zweiten Standjahr erkennt man, welche Ausmaße sie annimmt. Außer der heimischen Seerose, Nymphaea alba, werden natürlich in Gärtnereien eine ganze Reihe fremdländischer Wildarten und Hybriden angeboten, die für Wasserstände ab 25 cm geeignet sind.

Überwinterung

Die heimische Seerose wie auch andere Arten sind zwar winterhart, doch verträgt das Rhizom keinen Frost. In genügend tiefen Gewässern bleiben Seerosen selbstverständlich ohne Winterschutz. Da aber ein kleines Biotop schneller zufriert als ein größeres Gewässer, kann man hier vorbeugend wirken, indem man ein Loch in das Eis schlägt und etwas Wasser ausschöpft (vorausgesetzt es sind keine Fische vorhanden). Es wird dadurch ein Luftraum zwischen Eis und Wasser geschaffen und so ein tieferes Zufrieren verhindert. Auch wenn sich jetzt eine zweite tieferliegende Eisschicht bildet, bleibt diese Luftschicht zwischen den beiden Eisschichten bestehen und wirkt isolierend. Allerdings muß das ins Eis geschlagene Loch mit Styropor, Stroh usw. verschlossen werden. Diese Arbeit muß man notfalls wiederholen, da das Eis in milderen Breiten immer wieder auftaut und das Wasser erneut zufriert. Man wartet jedoch bis das Eis eine Dicke von mindestens 3 cm erreicht hat. Ist die Wasserstelle allerdings tief genug (80 cm und mehr) ist die Wahrscheinlichkeit eines völligen Zufrierens nicht gegeben. Anders ist es bei Gefäßen aller Art, die frei stehen oder nur zum Teil eingegraben sind, hier dringt der Frost auch bis in 80 cm Tiefe der Gefäße ein. Solche Behälter werden entleert und die Pflanzen entnommen. Das Eis dehnt sich bekanntlich aus und sprengt Behälter jeder Art.

In flachen Wasserbiotopen, die vollständig zufrieren können, wird das Wasser abgelassen oder ausgeschöpft. Die eingepflanzten Seerosen werden mit einer 30 cm dicken Laubschicht abgedeckt, zusätzlich werden Fichtenreiser darüber gelegt, damit das Laub nicht weggeweht wird. Sind keine Fichtenreiser zur Hand, lassen sich auch Folien oder Sackleinen verwenden. Über Winter sollte öfters kontrolliert werden, ob sich keine Mäuse eingenistet haben. Seerosen in Pflanzgefäßen lassen sich mit diesen herausnehmen und in einem frostfreien Raum, der jedoch kühl sein sollte (Garage, Abstellraum) überwintern. Besonders wichtig ist es aber hierbei, daß die Pflanzen mit feuchtem Torfmull abgedeckt werden und niemals austrocknen dürfen, gegebenenfalls muß der Torf angefeuchtet werden.

UNTERWASSERPFLANZEN

Unterwasserpflanzen leben unter Wasser. Sie nehmen ihre Nahrung durch die Blätter auf, kaum durch die Wurzeln. Die Wurzeln dienen hauptsächlich der Verankerung, damit die Pflanzen nicht hoch- oder weggeschwemmt werden. Einige Gattungen treiben nur ihre Blüten über die Wasseroberfläche, wo sie durch Insekten oder Wind befruchtet werden. Nach der Befruchtung und Samenbildung tauchen die Fruchtstände meistens wieder unter.

Unterwasserpflanzen tragen viel zur Verbesserung der Wasserqualität bei, deshalb sollte man bei einer Anlage mit einem tieferen Wasserteil nicht auf sie verzichten. Sie geben Sauerstoff ans Wasser ab und nehmen Kohlendioxid auf, dieses kommt wieder den Wassertieren zugute. Außerdem dienen sie Fischen und Molchen als Laichplatz und beherbergen verschiedene Kleintiere, die den Fischen und Molchen als Nahrung dienen.

Unterwasserpflanzen können aber auch überhand nehmen, so daß man nicht umhin kommt, einen Teil der Pflanzen zu entfernen. Das kann den

Sommer über zwei bis dreimal der Fall sein, wenn sie gute Voraussetzungen zum Gedeihen haben. Gutes Wachstum zeugt von einem guten ausgewogenen Verhältnis zwischen Wasser, Tier und Pflanze.

Sehr interessant ist bei verschiedenen Wasserpflanzen das Überwintern. Sie bilden nämlich Überwinterungsknospen, sogenannte »Hibernakeln«. Die Pflanzen bilden diese Knospen im Herbst. Nach der Reife sinken sie auf den Boden ab, um dort zu überwintern. Im Frühjahr treiben sie aus und bilden neue Pflanzen. Eine andere Art der Weitervermehrung ist die sogenannte »ungeschlechtliche Vermehrung«. Teile von Pflanzen, die sich von der Mutterpflanze losgelöst haben, bilden neue Pflanzen, das können winzige Teilchen sein. Das typische Beispiel für diese Vermehrung ist die *Wasserpest,* Elodea canadensis, neben den Winterknospen vermehrt sie sich hauptsächlich auf diese Art.

Unterwasserpflanzen tragen aber nicht nur zur Wasserreinhaltung bei, sondern haben noch eine weitere wichtige Funktion. Viele Wasserpflanzen entziehen nämlich den gefürchteten Algen im Biotop die Nahrung.

Unterwasserpflanzen sind weich, sie benötigen keine feste Struktur, da sie im Wasser schweben und von diesem in Form gehalten werden. Nimmt man eine Pflanze aus dem Wasser, fällt ihr schönes Gefüge in sich zusammen.

Armleuchtergewächse, Nitella flexilis

Armleuchtergewächse sind sowohl im seichten als auch in tieferen Gewässern zu finden. Sie bilden regelrechte Unterwasserwiesen. Armleuchtergewächse sind hochentwickelte Algen, sie bilden einen fein verästelten Verband mit quirlförmigen Kurztrieben. Nitella flexilis hilft bei der Reinhaltung des Wassers. Obwohl es zu den Algen zählt, faßt es sich nicht weich sondern eher hart an. In der Vegetationszeit muß man gelegentlich einen Teil des Pflanzendickichts, das für Fische und Molche oft undurchdringlich ist, entfernen. An den Stellen, an denen die verästelten Triebe bis an die Wasseroberfläche kommen, siedeln sich mit Vorliebe Algen an. Nitella benötigt eine Wassertiefe von mindestens 20 cm.

Starrer Hahnenfuß, Ranunculus circinatus

Diese ausdauernde Unterwasserpflanze kommt hauptsächlich in stehenden Gewässern vor. Dagegen kommt der *Flutende Hahnenfuß,* Ranunculus fluitans, der dem *Starren Hahnenfuß* ähnlich sieht, nur in fließenden Gewässern vor. Beide Arten können ganze Flächen bedecken. Doch leider kommen sie in unseren Gewässern immer weniger vor. Der *starre Hahnenfuß* kann bis zu 1 m lange Triebe bilden. Die untergetauchten feinen Blätter sind vom Stiel ausgehend dreiteilig, danach mehrmals gabelig ausgebildet. Wenn man sie aus dem Wasser nimmt, fallen sie nicht zusammen wie die Blätter anderer Wasserpflanzen.

Die weißen Blüten ragen über die Wasseroberfläche. Sie erscheinen von Juni bis August.

Hornkraut, Rauhes Hornkraut, Ceratophyllum demersum

Diese interessante Unterwasserpflanze kommt in stehenden sowie langsam fließenden Gewässern vor. Sie ist in Wassertiefen von 50–100 cm anzutreffen.

Die Blätter sind in vielgliedrigen Quirlen angeordnet. Die unscheinbaren Blüten treten aus den Blattachseln hervor. Die Pflanze verankert sich im Gewässergrund. Sie vermehrt sich hauptsächlich durch Sproßteile, die von der Pflanze losgelöst wieder neue Pflanzen bilden (ungeschlechtliche Vermehrung).

Wasserschlauch, Utricularia

Der Wasserschlauch kommt in mehreren Arten vor. Alle im Wasser lebenden Arten sind wurzellos. Sie schwimmen völlig untergetaucht. An den feinverzweigten Blättern sitzen sogenannte Fangbläschen, mit deren Hilfe die Pflanzen kleine Wassertierchen fangen. Sie zählen deshalb zu den *»fleischfressenden Pflanzen«.*

Der *Gemeine Wasserschlauch,* Utricularia vulgaris, bildet bis 100 cm lange Triebe, die trotz ihrer Länge völlig untergetaucht sind. Von Juni bis in den August hinein erscheint der Blütenstand. Er besteht aus einer goldgelben, lockeren, traubigen Blüte (ähnlich dem Löwenmaul – Anthirrinum) über dem Wasser. Der Blütenstand erreicht eine Höhe von etwa 30 cm – für die zarte Unterwasserpflanze eine stattliche Höhe – und besteht aus 4 bis 5 Einzelblüten.

Die Blätter sind feingeteilt, undeutlich gelappt, jeder Lappen ist gefiedert. In der freien Natur ist der Gemeine Wasserschlauch leider nur noch selten zu finden, obwohl er anspruchslos ist und sich leicht vermehrt. Er bildet Winterknospen (Hibernakeln) und liebt nährstoffreiches Wasser, das eine Tiefe von 30 cm haben sollte.

Der *Kleine Wasserschlauch,* Ultricularia minor, bildet nicht so lange Triebe als die vorstehende Art, nämlich nur etwa 50 cm. Die Blätter sind meistens gabelig geteilt. Die gelben Blüten besitzen braune Streifen. Sie erscheinen an etwa 15 cm langen Stielen über der Wasseroberfläche mit 2–6 Einzelblüten von Juni bis September. Der Kleine Wasserschlauch bildet weniger Fangbläschen als der Gemeine Wasserschlauch. Diese Wasserschlauchgewächse sind sehr interessante Pflanzen. Der Wasserpflanzenfreund kann an diesen Pflanzen schöne Studien betreiben. Was-

Unterwasserpflanzen

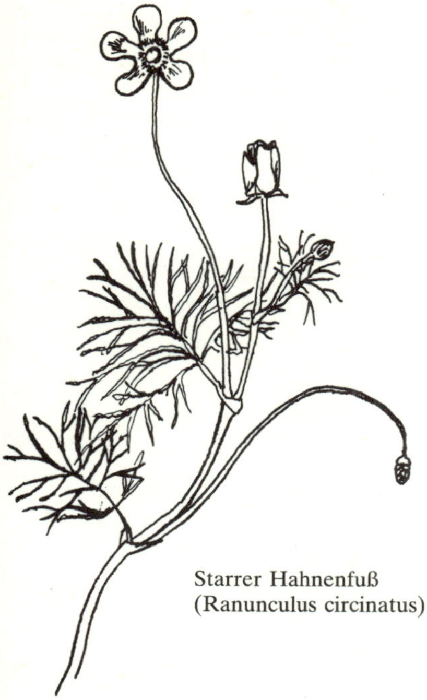

Starrer Hahnenfuß
(Ranunculus circinatus)

Rauhes Hornkraut
(Ceratophyllum demersum)

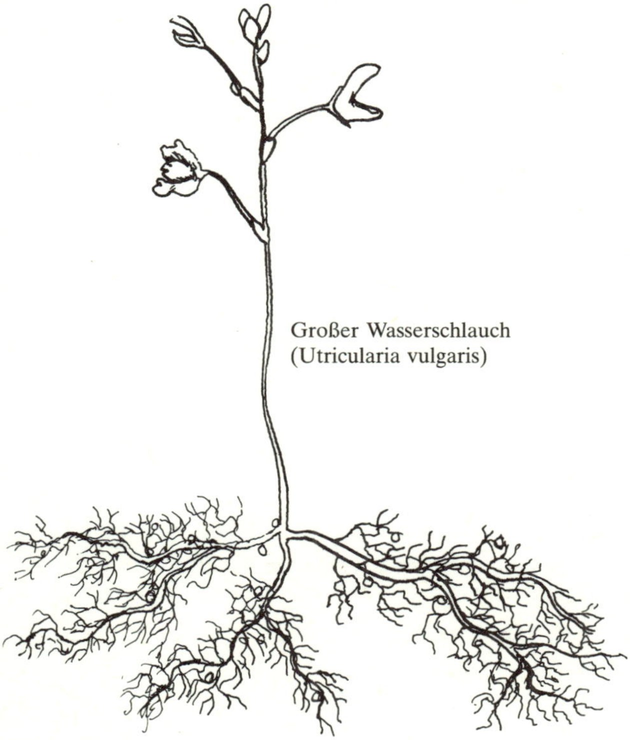

Großer Wasserschlauch
(Utricularia vulgaris)

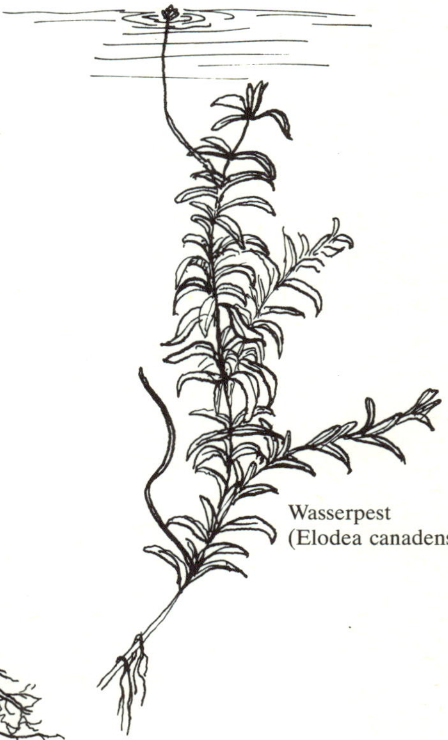

Wasserpest
(Elodea canadensis)

serschlaucharten gehören zu den geschützten Pflanzen. Man sollte sie deshalb nur aus Wasserpflanzengärtnereien beziehen.

Wasserpest, Wassermyrte, Elodea canadensis

Diese Unterwasserpflanze hat eine große wasserreinigende Wirkung, aber auch einen gewaltigen Ausbreitungsdrang. Sie bekam nicht umsonst den Namen *Wasserpest.* Sie kommt sowohl in stehenden als auch in fließenden Gewässern in Wassertiefen von 20–100 cm vor. Sie vermehrt sich nur ungeschlechtlich, da es nur weibliche Pflanzen (Blüten) gibt. Jedes abgetrennte Pflanzenteilchen bildet eine neue Pflanze, auch kommt es zur Bildung von Hibernakeln. Die Pflanze gilt als Sauerstofferzeuger und liebt nährstoffreichen Boden, in dem sie wurzelt. Jedoch sei in kleinen Wasseranlagen vor dieser Pflanze gewarnt. Da sie durch ihren Ausbreitungsdrang anderen schwächer wachsenden Wasserpflanzen das Leben sehr schwer macht. Wiederholtes Ausreißen, besonders während der Vegetationszeit, ist erforderlich.

Wasserstern, Callitriche

Der Wasserstern ist ebenfalls eine Pflanze, die zur Reinhaltung und zur Sauerstoffanreicherung des Wassers beiträgt. Der Wasserstern kommt in mehreren Arten vor. Man findet ihn in Teichen, Tümpeln aber auch in fließenden Bächlein. Gelegentlich ist er auch in Bodensenkungen zu finden, die nicht ständig mit Wasser gefüllt sind.

Die meisten Wasserpflanzengärtnereien bieten den *Frühjahrs-* oder *Sumpfwasserstern,* Callitriche palustris, an. Diese Art bildet grüne Sternchen auf der Wasseroberfläche. In der freien Natur ist diese Art in höher gelegenen Teichen und Tümpeln (Mittelgebirge) zu Hause. Dagegen fühlt sich der *Schlamm-* oder *Teichwasserstern,* Callitriche stagnalis, in der Ebene zu Hause (er kommt vorübergehend auch ohne Wasser aus).

Der Wasserstern ist eine Pflanze für ein kleineres Biotop, da er bei einer Wassertiefe von 10–30 cm gut gedeiht, vorausgesetzt, daß das Wasser sauber ist. Die Pflanzen bleiben auch im Winter grün, bei zugefrorenem Wasser sind die grünen Pflanzen unter dem Eis sichtbar.

Weitere *winterharte Unterwasserpflanzen,* die zwar heimisch sind, aber zum Teil selten vorkommen:

- *Krebsschere* oder *Wasseraloe,* Stratiotes aloides, halbuntergetauchte Schwimmpflanze, mitunter auch ganz untergetaucht vorkommend (in tieferen Gewässern); geschützte Pflanze.
- *Nadelsimse,* Eleocharis acicularis, neben der untergetauchten Wasserform kommt sie auch in einer Landform vor.

Unterwasserpflanzen

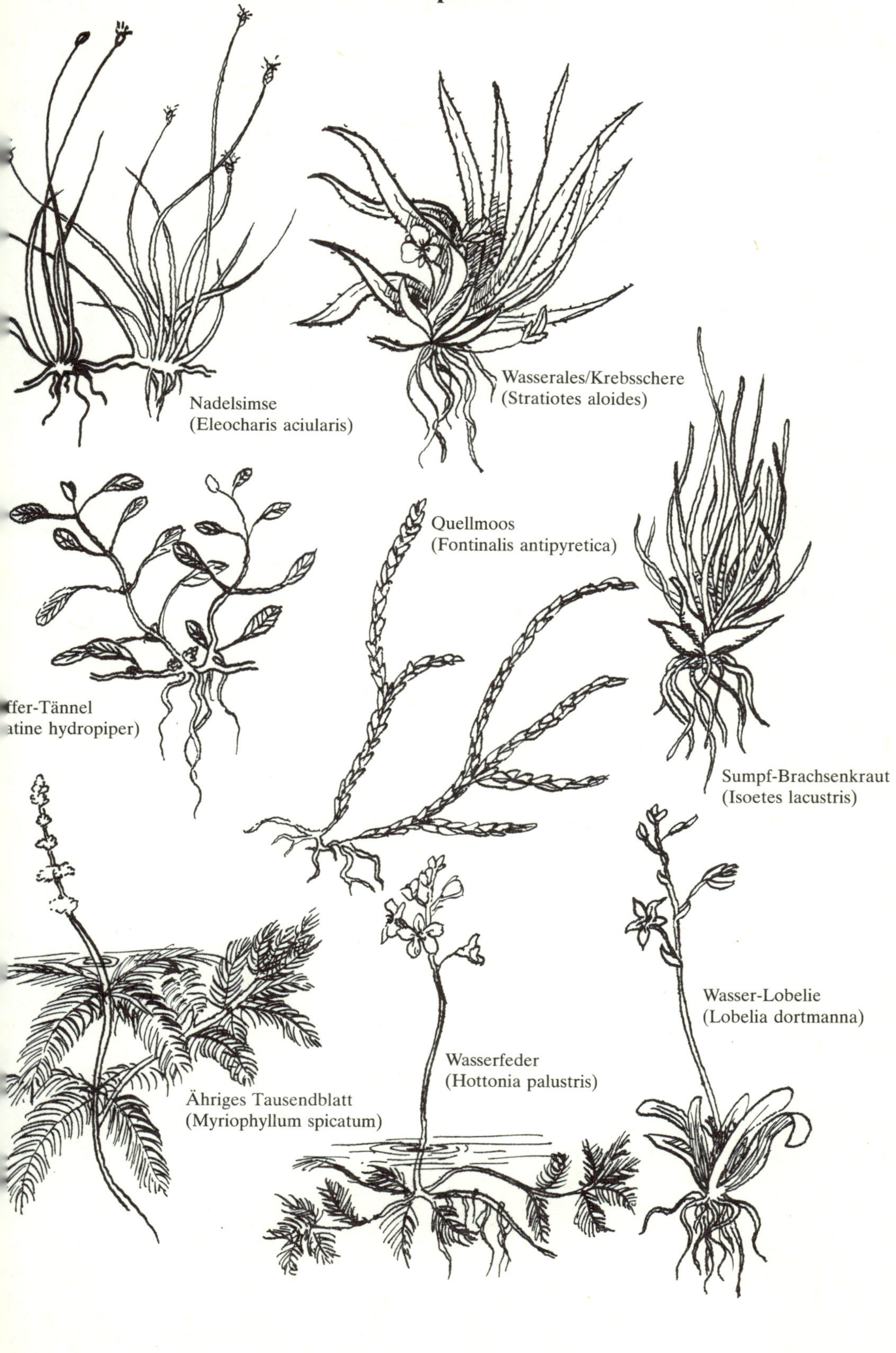

- *Pfeffertännel,* Elatine hydropiper, einjährige Unterwasserpflanze, kommt auch in einer Landform vor.
- *Quellmoos, Wassermoos,* Fontinalis, grünbleibende Unterwasserpflanze.
- *Sumpfbrachsenkraut,* Isoetes lacustris, binsenartige Blätter, die eine Rosette bilden; geschützte Pflanze.
- *Tausendblatt, Ähriges Tausendblatt,* Miriophyllum spicatum;
- *Quirlblättriges Tausendblatt,* Myriophyllum verticillatum; beides Unterwasserpflanzen mit fiederartigen Blättern.
- *Wasserfeder,* Hottonia palustris, Unterwasserpflanze mit fiederspaltigen Blättern, Blüte primelähnlich, geschützte Pflanze.
- *Wasserlobelie,* Lobelia dortmanna, giftige Unterwasserpflanze, ausdauernde Blattrosetten bildend; selten.

Unterwasserpflanzen sollte man niemals längere Zeit im Trockenen liegen lassen. Holt man sie aus einem Gewässer oder auch vom Gärtner, sollte man sie am besten in einem mit Wasser gefüllten Plastikbeutel transportieren.

PFLANZENZUSAMMENSTELLUNGEN FÜR KLEINERE SUMPFBIOTOPE

Pfennigkraut, Lysimachia nummularia
Rosen- oder Sumpfprimel, Primula rosea
Sumpfvergißmeinnicht, Myosotis palustris
Rohrkolben, Typha laxmannii

Gefüllte Sumpfdotterblume, Caltha palustris ›Multiplex‹
Sumpfvergißmeinnicht, Myosotis palustris
Morgensternsegge, Carex grayi (bleibt in kleinen Biotopen entsprechend niedrig).

Für niedrigen Wasserstand von 5–10 cm:

Sumpfiris, Iris laevigata
Bachbunge, Veronica beccabunga
Sumpfkalla, Calla palustris
Rohrkolben, Typha minima

Sumpfschwertlilie, Iris kaempferi
Amerikanische Sumpfiris, Iris versicolor
Tannenwedel, Hippurus vulgaris
Sumpfvergißmeinnicht, Myosotis palustris

Für Wasserstand von etwa 20 cm:

Weiße Seesimse, Scirpus lacustris
Pfeilkraut, Sagittaria sagittifolia
Igelkolben, Sparganium
Blaugrüne Binse, Juncus inflexus
Sumpfkalla, Calla palustris

In kleine, sumpfige Biotope von etwa 1 m² kann man z. B. pflanzen:

3 Sumpfvergißmeinnicht, Myosotis palustris ›Thüringen‹
3 Rosen- oder Sumpfprimeln, Primula rosea
2 Sumpfdotterblumen, Caltha palustris
2 Sumpfsimsen, Eleocharis palustris
1 Morgensternsegge, Carex grayi

Die Pflanzen erreichen in kleinen Biotopen meist nicht die Höhe, die in den einzelnen Beschreibungen angegeben ist, besonders wenn man sie in Gefäße pflanzt und dann ins Wasser stellt. Die vorgenannten Zusammenstellungen sollen nur Beispiele sein. Sumpf- und Wasserpflanzen lassen sich in vielen Variationen zusammenbringen, auch in kleinsten Biotopen, doch sollte es immer natürlich aussehen.

PFLANZEN FÜR DIE RANDZONE

Für den Übergang des Feuchtbiotops in das Umfeld ist eine geeignete Bepflanzung erforderlich. Es lassen sich hierfür verschiedene Blütenstauden, Gräser, Farne und kleine Gehölze verwenden, die zwar keine stehende Nässe, aber feuchten Boden benötigen. Es sollen Pflanzen sein, die auch ein gelegentliches Überlaufen des Biotops vertragen. Eine genaue Abgrenzung läßt sich jedoch bei Stauden nicht ziehen, denn viele feuchtliebende Stauden wachsen auch in ganz normalem Gartenboden, also nicht nur in Feuchtgebieten, und sind deshalb auch in der Literatur unter den normalen Stauden zu finden. Das beste Beispiel sind die Weiderich-Arten (s. Sumpf- und Wasserpflanzen).

Für die Übergangspflanzung verwendet man Stauden, die einen harmonischen Übergang zu den heimischen Sumpf- und Wasserpflanzen finden. Stauden sind mehr oder weniger alle aus Wildformen entstanden. Viele haben ihre Eigenschaft behalten und sind nur etwas großblumiger, aber auch haltbarer in der Blüte geworden. Das soll aber nicht heißen, daß man keine unverfälschten Wildstauden pflanzen kann, selbst eine Ackerdistel wirkt in ihrer Blüte schön und lockt besonders das Tagpfauenauge an. Man sollte hier allerdings den Großteil der Samenstände abschneiden, damit sich der Flugsamen nicht über den ganzen Garten verteilt.

Fackellilie, Kniphofia

Diese Pflanze ist zwar keine heimische Staude, doch eignet sie sich sehr gut für die Pflanzung in Wassernähe. Nicht, weil sie unbedingt feuchten Boden möchte, sondern weil sie von der Blüte und den schmalen schilfartigen Blättern her optisch zu einem Feuchtbiotop paßt. Es gibt mehrere Gartenhybriden, die sich gegenseitig an Schönheit übertreffen können. Die Pflanze bringt aus den schilfartigen Büschen kräftige Stiele mit leuchtenden Blüten hervor.

Kniphofia x hybrida, ›Bronzeleuchter‹ bringt kerzenartige, grazile Blütenschäfte, die bis zum Frostbeginn blühen (Blühbeginn ab Juni). Die Blüte leuchtet hellbronzefarben mit rötlichgelbem Schimmer; Höhe etwa 60 cm.

Kniphofia x hybrida, ›Express‹ hat helle bis dunkelorange Blütenkolben, die in lachs- und karminrot variieren. Eine bewährte, frostharte Sorte mit einer Höhe von etwa 80 cm.

Kniphofia x uvaria ›Grandiflora‹ ist die höchste unter den Züchtungen, sie wird nämlich etwa 120 cm hoch und bildet sehr dichte Blütenkolben, die von Gelb in Rot übergehen. Sie ist auch eine wertvolle Schnittblume.

Die Fackellilie möchte einen nicht zu feuchten Standort, der aber sonnig sein muß. Am Rande von Feuchtgebieten läßt sie sich gut unterbringen. Man pflanzt sie nicht direkt in die Feuchtzone, sondern unmittelbar an die Grenze, so daß sie mit dem Fuß schon in normalem Gartenboden steht. Die reichliche Blattmasse ragt dann noch ins Feuchtgebiet.

Gauklerblume, Mimulus

Die Gattung Mimulus ist sehr artenreich. Alle Arten benötigen einen sonnigen bis halbschattigen Standort, ansonsten sind sie recht anspruchslos. Die Staude ist reichblühend, wächst in feuchten bis nassen Lagen und verträgt mitunter auch einen seichten Wasserstand. Die Lippenblüten sind achselständig, entweder einzeln oder mehrere zusammen (traubig) angeordnet. Sehr interessant ist die blaublühende Art *Mimulus ringens.* Sie wird höher als die anderen Arten, nämlich ca. 80 cm. Die Blüten sind nicht rein blau, sondern mehr blauviolett mit weißem Schlund. Die Blütezeit reicht von Juni bis August. Mithin ein weiterer Grund, diese Art anzupflanzen. Diese Art verträgt auch ständigen Wasserstand, während sich die anderen Arten mehr für die Uferregionen eignen.

Mimulus luteus ist eine gelbblühende Art. Sie wird 30–40 cm hoch und blüht ebenfalls von Juni bis August.

Mimulus guttatus ist eine gelbblühende Art. Sie wird 40–60 cm hoch. Die Art ist stark ausläuferbildend und blüht von Juni bis August.

Mimulus cardinalis ist eine scharlachrot-blühende Art mit behaarten Stengeln und Blättern. Sie wird etwa 70 cm hoch. Diese Art blüht sehr lange, nämlich von Juni bis in den September hinein.

Mimulus lewesii ist eine zartrosa bis weißblühende Art, die bis zu 5 cm große Blüten bringt. Sie wird je nach Standort 30–60 cm hoch und blüht von Juni bis in den August hinein.

Die Gattung Mimulus ist keine heimische Pflanze, sondern stammt in der Hauptsache aus Nordamerika. *Mimulus guttatus* wurde in Gebieten Europas eingebürgert. Ihr nicht fremdländisches Aussehen läßt sie gut mit den heimischen Sumpf- und Wasserpflanzen zusammenbringen.

Goldfelberich, Lysimachia punctata

Diese gelbblühende Staude mit ihren sternförmigen Blüten stellt keine besonderen Ansprüche und eignet sich gut für die Randregion eines Biotops. Sie wird bis 80 cm hoch und bildet reichlich Ausläufer. Die sternförmigen Blüten sitzen in den Blattachseln (jeweils mehrere zusammen), die Blütezeit beginnt im Juni.

Es gibt auch eine weiße Art, *Lysimachia clethroides,* die wenig bekannt ist und den deutschen Namen *Schneefelberich* trägt. Die Blüten dieser Art sind ährenförmig angeordnet und hängen leicht über. Die Blütezeit ist etwas später als die der gelben Art, nämlich erst ab Juli. Die Höhe liegt ebenfalls bei etwa 80 cm.

Greiskraut, Ligularia

Diese sehr schöne Staude kommt sowohl durch die großen Blätter als auch durch die schönen auffallenden Blüten zur Wirkung. Am Rande eines Biotops kann diese Staude auch als Ersatz für ein kleines Gehölz verwendet werden. Es ist eine Pflanze für die Wassernähe, sie benötigt einen feuchten Standort. Die Blätter sind groß und je nach Art rundlich zerteilt oder nierenförmig.

Die Blüte, in lockeren Rispen oder kolbenartigen Blütenständen, in Rötlichorange oder Leuchtendgelb, erreicht die stattliche Höhe von 100 bis 180 cm.

Ligularia x hessei hat große rundliche Blätter, die Blüte ist gelb, die Blütenstände kolbenartig. Die Höhe liegt bei etwa 180 cm; sehr imposant.

Ligularia x palmatiloba hat große, stark zerteilte Blätter. Die Blüten sind traubenartig aufrechtstehend, groß und leuchtendgelb. Die Höhe liegt bei etwa 150 cm. Es gibt noch weitere Arten dieser Gattung.

Knöterich, Polygonum

Diese Gattung hat sehr viele Arten, die in allen Erdteilen zu finden sind. Das läßt erkennen, wie vielseitig und variabel die Gattung ist. Der *Schlangenknöterich,* Polygonum bistorta, ist wohl die bekannteste Art, sie ist auf feuchten Wiesen zu finden. Die Art bringt rosarote, walzenförmige Blütenähren, die auf langen Stielen stehen und sich merklich von den Blättern abheben. Die Blätter sind länglich eiförmig und an der Unterseite bläulichgrün. Es ist eine ideale Staude für das Sumpf- und Feuchtgebiet. Diese Art kann in der Gemeinschaft mit *Trollius, Irisarten, Farnen* und anderen feuchtliebenden Stauden stehen. Selbstverständlich kann sie auch solitär gepflanzt werden. Bei guten Bodenverhältnissen kann die Blüte bis zu 80 cm hoch werden. Die Blütezeit liegt im Mai/Juni.

Die Kulturform *Polygonum bistorta ›Superbum‹* wird häufig in Gärtnereien angeboten. Sie bringt große leuchtendrosa Blüten.

Der *Vogelknöterich,* Polygonum affine, ist eine niedrige polsterbildende Art. Es gibt hiervon verschiedene rosafarbene Sorten. Die Blütezeit reicht von Juli bis September, die Höhe liegt bei 20–25 cm.

Der *Kerzenknöterich,* Polygonum amplexicaule, bringt lange Blütenähren in rosa und scharlachrot. Die Höhe der Blütenstengel ist beachtlich, bei gutem Standort werden sie bis 100 cm hoch. Die Blütezeit reicht von Juli bis in den Oktober hinein.

Kugelprimel, Primula denticulata

Die Kugelprimel ist eine sehr schöne Primelart mit kugeligen Blütenständen in Weiß, Rosa oder roten bis violetten Farbtönen. Es ist keine heimische Primelart (Afghanistan/Westchina), doch sollte sie ihrer Schönheit wegen erwähnt werden. Sie verlangt guten, aber nicht zu schweren feuchten Boden. Die Blätter, die sich nach der Blüte erst zur vollen Größe entwickeln, welken sehr schnell, wenn die Pflanze an einem sonnigen trockenen Standort steht. Sonne schadet der Kugelprimel natürlich nicht, nur muß der Standort feucht sein. Es ist eine ideale Pflanze für die früheste Frühjahrsblüte in feuchten Lagen. Diese Primelart läßt sich leicht aus Samen vermehren. Läßt man die Samenstände ausreifen, kommt es zur Selbstaussaat. Die Kugelprimel wird 20 bis 30 cm hoch.

Mehlprimel, Primula farinosa

Diese Primelart, mit ihren unterseits mehligen Blättern, bildet vielblütige Dolden. Die Blütenfarben reichen von Lila bis Purpur, die Blüten besitzen einen gelben Schlund. Ein sonniger Standort, lehmiger humoser Boden ist für ein gutes Gedeihen erforderlich, ansonsten ist diese Art nicht anspruchsvoll, jedoch benötigt sie feuchten Boden. Die frühe Blütezeit von April bis Mai bringt schon früh Leben ins Feuchtbiotop. Sie wird etwa 15 cm hoch.

Sumpfprimel, Glockenprimel, Primula florindae

Von dieser aus Tibet stammenden Primel gibt es langgestielte Gartenformen mit besonders schönen satten Farben. Die herzförmigen Blätter sind langstielig, gezähnt und für Primeln ziemlich groß. Sie verleihen den Pflanzen ein dekoratives Aussehen. Die Blüte besteht aus einer Dolde, die aus trichterförmigen hängenden duftenden Einzelblüten besteht. Reichliche Bodenfeuchtigkeit ist Voraussetzung für ein gutes Gedeihen. An Boden stellt diese Art zwar keine Ansprüche, jedoch sollte es schon guter Gartenboden sein. Die Blütezeit liegt im Juni/Juli.

Primula florindae ›Kaillour Hybriden‹, diese Primeln bringen satte Farben in Goldgelb, Orange und Ocker. Die Stiele sind lang und rötlich.

Primula florindae ›Rote Auslese‹, eine Auslese mit sehr schönen roten Blüten an langen Stielen.

Schlüsselblume, Primula veris

Diese Primelart (in Lit. auch Primula officinalis) hat mehrere Unterarten. Sie kommt auf Wiesen, Weiden und Triften vor. Die goldgelben Blüten sind je nach Standort flach bis glockig angeordnet. Die Pflanze ist teilweise geschützt. Sie liebt lockeren lehmhaltigen feuchten Boden. Diese Art eignet sich vorzüglich für das Biotop-Randgebiet. Die Blütezeit reicht von März bis Mai, je nach Standort. Auch die Höhe richtet sich nach Lage und Standort von 10–25 cm.

Prachtspiere, Astilbe

Diese schöne Staude liebt eine ständige Bodenfeuchtigkeit und gedeiht sowohl im Halbschatten als auch in der Sonne. Bei einem sonnigen Platz muß für genügend Feuchtigkeit gesorgt werden.

Es gibt frühe, mittelfrühe und späte Sorten und Varianten. Die Blätter sind mehr oder weniger stark gefiedert.

Die rispenartigen Blüten stehen aufrecht und sind je nach Sorte stark gefiedert. Die Farbenpalette reicht von reinem Weiß über Rosa zum Tiefrot. Es ist eine sehr anspruchslose und dankbare Staude für die Randbepflanzung. Die Blütezeit liegt je Nach Sorte zwischen Juli und September. Die Wuchshöhe reicht von 15 (Zwergform) bis 120 cm.

Taglilie, Hemerocallis

Diese nicht heimische Staude dringt immer mehr in die Gärten ein. Sie stammt aus China und Japan. Doch kommen die meisten und schönsten Züchtungen (Gartenhybriden) aus den USA. Taglilien stellen keine besonderen Ansprüche an den Boden und wachsen sowohl in sonniger als auch in halbschattiger Lage.

Es sind Stauden für die feuchte bis trockene Lage, also nicht für stehende Nässe. Für das Ufer eines Gewässers, oder am Rande eines Feuchtgebietes ist diese Gattung jedoch gut geeignet. Sie blüht je nach Sorte von Mai bis August.

Während die älteren Arten wie *Hemerocallis citrina* oder *Hemerocallis minor* nur gelbe und relativ kleine Blüten bringen, besitzen die Gartenhybriden – und hier besonders die US-Züchtungen – herrlich große Blüten in vielen leuchtenden Farben. Die Wuchshöhe reicht von 50–120 cm.

Einige empfehlenswerte Sorten sind:

Hemerocallis ›Atlas‹ bringt riesige hellgelbe Blüten mit gewelltem Rand; Höhe 100 cm (mittlere Blütezeit).

Hemerocallis ›Buzz Bomb‹ bring glänzende, samtigrote Blüten; Höhe 60 cm (mittlere Blütezeit).

Hemerocallis ›Crimson Pirate‹ bringt leuchtendrote Blüten mit orangefarbenem Schlund; Höhe 70 cm (mittlere Blütezeit).

Hemerocallis ›Luxury Lace‹ bringt lavendelrosa Blüten mit grünem Schlund, am Rand gekraust; Höhe 80 cm (mittlere Blütezeit).

Hemerocallis ›Pink Damask‹ bringt einheitlich reinrosa Blüten von zauberhafter Wirkung; Höhe 90 cm (mittlere Blütezeit).

Hemerocallis ›White Jade‹ bringt zierliche cremeweiße Blüten mit leichtem rosa Hauch und gelbem Schlund; Höhe 70 cm (mittlere Blütezeit).

Trollblume, Trollius

Die Trollblume liebt feuchte Lagen und einen sonnigen bis halbschattigen Standort. Die reichblühende Staude mit ihren geteilten Blättern und kugelförmigen Blüten ist eine ideale Pflanze für die Randbepflanzung eines Biotops im Garten. Die heimische Art, *Trollius europaeus,* bildet eine geschlossene zitronengelbe Kugelblüte. Sie ist in feuchten Wiesen, hauptsächlich Bergwiesen und Weiden (Schwarzwald/Alpenregion) anzutreffen, selten in der Ebene. Sie bevorzugt humusreichen Boden und wird etwa 50 cm hoch.

Die aus Nordostchina stammende Art, *Trollis chinensis,* blüht etwas später als die heimische Art, nämlich erst ab Mitte Juni. Auffallend bei dieser Art sind die goldgelben schalenförmigen Blüten, die stark hervortretende Honigblätter bilden. Es ist eine reichblühende Art, die noch eine Herbstblüte bringt, wenn man sie rechtzeitig zurückschneidet (Blütenstengel). Sie besitzt aber nicht die Lieblichkeit der heimischen Art.

Es gibt auch einige Kulturformen (Hybriden) *Trollius x cultorum.*

Waldgeißbart, Aruncus dioicus

Diese anspruchslose Staude hat grob gesehen in der Blüte Ähnlichkeit mit der *Prachtspiere, Astilbe,* doch zählt sie zu den Rosengewächsen, die Prachtspiere dagegen zu der Familie der Steinbrechgewächse.

Die Blätter sind gefiedert, die Blüten weiß. Es gibt männliche und weibliche Blütenstände. In Gärtnereien werden Wild- und Gartenformen angeboten. Es ist eine interessante und sehr reichblühende Staude. Höhe und Breite dieser Staude sind sehr beachtlich, so daß sie nicht an jedem Platz gefällig ist. Sie kann sowohl mit anderen Stauden zusammen als auch solitär stehen. Die Wuchshöhe kann bis 180 cm betragen, die Ausbreitung 1 m^2 und mehr. Die Blütezeit liegt im Juni/Juli.

Wasserdost, Eupatorium

Das Wasserdost ist eine sehr genügsame Pflanze. Die Wildart, der *Gemeine Wasserdost,* Eupatorium cannabinum, ist eine alte Heilpflanze. Die Kulturform, Eupatorium purpureum, blüht wie die Wildform ebenfalls rot, aber mehr ins Weinrot übergehend. Die doldenartigen Blüten öffnen sich ab Juli. Die Pflanze kann mit anderen Pflanzen zusammen gepflanzt oder auch solitär stehen. Die Wuchshöhe ist mit 100–150 cm sehr hoch.

ZIERGRÄSER UND FARNE

Ziergräser und Farne gehören einfach zu jedem Feuchtgebiet. Hier sollte man bei den heimischen Arten bleiben, die in Gärtnereien ebenso gezüchtet werden wie die fremdländischen Arten.

Als die größte Gruppe, mit den meisten Arten unter den Gräsern, ist die *Segge,* Carex, zu nennen. Sie wird in vielen Arten angeboten (s. auch Wasserpflanzen). Die Höhe reicht von 20–100 cm.

Farne lassen sich paaren mit Blütenstauden und bringen Abwechslung ins Randfeuchtgebiet. Farne zählen zu den ältesten Landpflanzen auf unserer Erde. Farne und Wald gehören zusammen, das bedeutet feuchtigkeitsliebend und humoser Boden, halbschattige bis schattige Lage. Feuchtigkeit und Humus bedeuten keine Probleme, eher die schattige Lage.

Man sollte also überlegen, ob man etwa höhere Stauden oder kleinere Gehölze mit anpflanzt. Denn anfangs wurde ja gesagt, daß ein Biotop einen sonnigen Platz haben sollte. Auf Farnarten, die nur in ganzschattigen Lagen gedeihen, sollte man verzichten. Farne, die halbschattige Lagen benötigen, überwiegen im Sortiment der Gärtnereien und es ist keinesfalls so, daß diese Arten in der Sonne nicht wachsen.

Der *Perlfarn,* Onoclea sensibilis (in Europa gebietsweise eingebürgert), wird 40 cm hoch. Der *Königsfarn,* Osmunda regalis, wird etwa 120 cm hoch. Dazwischen liegen eine Reihe von Arten, die in der Nähe von Wasser in humosen Boden gepflanzt, frischgrüne üppige Stauden bilden.

BLUMENZWIEBEL- UND KNOLLENGEWÄCHSE

Auch winterharte Blumenzwiebel- und Knollenpflanzen lassen sich in die Uferregion eines Feuchtgebietes unterbringen. Natürlich kann man nicht solche Blumenzwiebeln verwenden, die von Natur aus nach der Blüte und dem Absterben der Blüten und Blätter trocken stehen möchten, sondern solche, die das ganze Jahr über Feuchtigkeit beanspruchen oder vertragen.

Die Blumenzwiebeln und Knollen werden im September gepflanzt. Die meisten Gattungen blühen schon im zeitigen Frühjahr, also wenn die Sumpf- und Wasserpflanzen sowie die meisten Randzonenpflanzen erst anfangen auszutreiben. Geht man nach der Blütezeit, so beginnt der *Märzbecher,* Leucojum vernum, schon im Februar/März mit dem Blütenreigen. Der Märzbecher steht unter Naturschutz, doch ist er selbstverständlich im Fachhandel erhältlich. Er benötigt normalen feuchten humosen Gartenboden und wird 15–25 cm hoch. Die weißen Glöckchen besitzen gelblichgrüne Zipfel, für den Verfasser dieser Zeilen eine der schönsten Blumenzwiebelgattung.

Nach dem *Märzbecher* blüht das *Blausternchen,* Scilla sibirica, das sich ebenfalls gut in der Uferzone integrieren läßt. Eine azurblaue, 10–15 cm hohe Blüte, bringt Leben bzw. Farbe ins Randbiotop, bei Sonnenschein werden die ersten Bienen angelockt.

Im Mai liegt die Blütezeit des *Hasenglöckchens,* Hyacinthoides hispanica. Eine Vielzahl übereinanderstehender Glöckchen in Weiß, Rosa oder in blauen Tönen beleben das Randbiotop. Die Zwiebeln sollte man nach dem Erwerb sofort pflanzen, da sie nackt sind, ihnen fehlt die schützende Haut.

Im April blüht das *Buschwindröschen,* Anemone nemerosa, mit seinen weißen Blüten, es wird etwa 10 cm hoch.

Auch ab April blüht der *Hundszahn,* Erythronium dens-canis, er wird wegen seiner Zwiebelform so genannt. Die schönen Blüten sehen wie kleine Türkenbundlilien aus. Es gibt mehrere Arten, darunter auch eine weißblühende. Die Pflanze wird mit ihrer Blüte 20–25 cm hoch.

Ebenfalls ab April blüht die *Schachbrettblume,* Fritillaria meleagris. Dieses »Kibitzei«, wie die Pflanze auch genannt wird, hat schachbrettartig gemusterte Glockenblüten in verschiedenen Farben. Es ist eine Pflanze für Liebhaber. Sie wird 25–30 cm hoch.

Von diesen vorgenannten Gattungen wird ein feuchter Standort bevorzugt, also ideal für die Randbepflanzung. Durch die zum Teil frühe Blüte werden im Frühjahr Bienen und andere Insekten angelockt, so daß bereits reges Leben in der Biotopregion beginnt, wenn die eigentlichen Wasserpflanzen erst anfangen auszutreiben.

PFLANZUNG DER BLUMENZWIEBELN

Wie schon erwähnt, pflanzt man winterharte Blumenzwiebeln im Herbst. Der September ist der beste Pflanzmonat, jedoch kann man die Pflanzung auch noch im Oktober und später nachholen. Bei leichten Böden pflanzt man 3mal, bei schweren Böden 2mal so tief wie die Zwiebel hoch ist. Das ist eine Regel, die man sich leicht merken kann.

Wird das Pflanzbeet neu angelegt, pflanzt man erst alle anderen Gewächse, bevor man die Zwiebeln einbringt. Es empfiehlt sich, die Pflanzstelle mit einem Stäbchen oder Etikett zu kennzeichnen. Am Rande eines Biotops kann man Blumenzwiebel- und Knollenpflanzen verwildern lassen, d.h. man läßt sie ungehindert wachsen ohne mit Hacke oder Pflanzkelle einzugreifen. Blumenzwiebeln und Knollen – besonders die kleinbleibenden Gattungen – pflanzt man in Horsten, also immer mehrere zusammen.

GESCHÜTZTE PFLANZEN IM BIOTOP

Eine Reihe von Pflanzengattungen und -Arten sind geschützt. Aus diesem Grunde trat 1980 eine Bundesartenschutzverordnung in Kraft, die die alte Reichsnaturschutzordnung ablöste. Daneben haben die einzelnen Bundesländer eigene Verordnungen erlassen, die zum Teil mehr ins Detail gehen. Diese sollen aber nicht nur wildwachsende Pflanzen sondern auch nichtjagdbare wildlebende Tiere schützen.

In diesem Buch sind eine Reihe von einheimischen Pflanzen beschrieben die unter diesen Schutz fallen. Wie an anderer Stelle schon erwähnt, muß ein Biotopfreund auf keine der aufgeführten Pflanzen verzichten. Eine Reihe von Staudengärtnereien befaßt sich mit der Anzucht von Wildstauden (s. Anlage), so daß man sie von diesen Betrieben beziehen kann. Der wahre Pflanzenfreund wird die in ihren Bestand bedrohten Pflanzen in ihrem natürlichen Verbreitungsgebiet nie anrühren.

Geschützte Pflanzen haben verschiedene Lebensräume. Wird in diese Lebensräume in irgendeiner Weise eingegriffen, kann es zur teilweisen oder vollständigen Vernichtung der dort wachsenden Pflanzen führen.

Durch die Anlage eines Biotops kann der Pflanzenfreund dazu beitragen, seltene Pflanzen zu erhalten, indem er sie ihren Lebensgewohnheiten entsprechend einpflanzt. Doch sei hier gesagt, daß man Pflanzen aus dem Hochgebirge (auch wenn sie nicht geschützt sind) nicht einfach ins Flachland verpflanzen kann und dann darauf wartet, daß sie sich so entwickeln wie an ihrem Hochgebirgsstandort. Das wäre vergebliche Mühe, diese Pflanzen werden bestimmt nur kümmern und nach kurzer Zeit absterben. Das trifft natürlich auch für Moorpflanzen sowie für Heide- oder Waldpflanzen zu, hier lassen sich jedoch noch eher Voraussetzungen für ein Gedeihen dieser Pflanzen schaffen, z. B. durch entsprechende Bodenbearbeitungen oder durch ständiges Feuchthalten der Standorte. Biotoppflanzen müssen sich an ihrem Standort heimisch fühlen, man muß ihnen zumindestens annähernd einen Lebensraum wie in der freien Natur schaffen. Nur so wird man Freude an ihnen haben. Wie an anderer Stelle schon erwähnt, bezieht man geschützte Pflanzen nur aus einer Staudengärtnerei. Es werden *vollkommen geschützte Pflanzen* und *teilweise geschützte Pflanzen* unterschieden.

Vollkommen geschützte Pflanzen bzw. Arten dürfen weder gepflückt noch von ihrem Standort entfernt (ausgegraben) werden.

Teilweise geschützte Pflanzen bzw. Arten dürfen zwar gepflückt, aber nicht ausgegraben werden, d. h. es dürfen nur oberirdische Pflanzenteile gesammelt werden. Hier gibt es jedoch auch Einschränkungen, denn in Naturschutzgebieten und Nationalparks darf nur eine unbedeutende Menge zu privaten Zwecken gesammelt werden.

Nachfolgend Pflanzen für Biotope, die vollkommen oder teilweise geschützt sind. Die mit * bezeichneten Pflanzen sind gefährdet, d. h. vom Aussterben bedroht.

Weiße Seerose (Nymphaea alba), vollkommen geschützt.*

Gelbe Teichrose (Nuphar luteum), vollkommen geschützt.*
Seekanne (Nymphoides peltata), vollkommen geschützt.
Wasserlobelie (Lobelia dortmanna), vollkommen geschützt.*
Gemeiner Wasserschlauch (Ultricularia vulgaris), vollkommen geschützt.
Fieberklee (Menyanthes trifoliata), vollkommen geschützt.
Sibirische Schwertlilie (Iris sibirica), vollkommen geschützt.*
Wasserschwertlilie (Iris pseudacorus), teilweise geschützt.
Sumpfsiegwurz (Gladiolus palustris), vollkommen geschützt.*
Sumpfcalla (Calla palustris), vollkommen geschützt.
Sumpfwolfsmilch (Euphorbia palustris), vollkommen geschützt.
Trollblume (Trollius europaeus), vollkommen geschützt.
Breitblättriges Knabenkraut (Dactylorhiza majalis), vollkommen geschützt.
Fleischfarbenes Knabenkraut (Dactylorhiza incarnata), vollkommen geschützt.
Diptam (Dictamnus albus), vollkommen geschützt.*
Schachbrettblume (Fritillaria meleagris), vollkommen geschützt.*
Feuerlilie (Lilium bulbiferum), vollkommen geschützt.
Geißbart (Auruncus dioicus), vollkommen geschützt.
Türkenbund (Lilium martagon), vollkommen geschützt.
Märzbecher (Leucojum vernum), vollkommen geschützt.
Leberblümchen (Hepatica nobilis), vollkommen geschützt.
Schlüsselblume (Primula elatior), teilweise geschützt.
Großblütiger Fingerhut (Digitalis grandifloria), vollkommen geschützt.
Maiglöckchen (Convallaria majalis), teilweise geschützt.

Natürlich gibt es noch eine ganze Reihe weiterer geschützter Pflanzen, die aber in der Hauptsache im Hochgebirge wachsen. Mit der Erschließung der Hochalpen war es dringend erforderlich, viele der dort wachsenden Pflanzen zu schützen. Besonders Polsterstauden, die oberhalb von 1800 m wachsen, wurden unter Naturschutz gestellt. Man kann diese Pflanzen mitunter auch in tieferen Lagen finden, da sie durch Abschwemmen von Pflanzenteilen oder ihrer Samen auch in tieferliegenden Regionen gelangen.

Die Feuchtwiese

Eine Feuchtwiese ist natürlich weit problematischer anzulegen als eine Trockenwiese. Am idealsten ist natürlich eine von Natur aus gegebene feuchte Stelle im Garten. Doch diese Lagen sind sicher in den wenigsten Gärten vorhanden.

Eine Feuchtwiese ist keine Sumpfwiese, sondern auf ihr wachsen Pflanzen, die nicht im wasserdurchtränkten Boden (Sumpf) stehen möchten. Allerdings kommt es in der freien Natur auch vor, daß eine Feuchtwiese kurzzeitig überschwemmt wird. Das macht den Feuchtwiesenpflanzen nichts aus. Feuchtwiesen weisen in der freien Natur unterschiedliche Pflanzengesellschaften auf. Hier spielt die Bodenbeschaffenheit eine Rolle. Am artenreichsten sind wohl die sogenannten »Streuwiesen« im Alpenvorland, auf denen eine Vielfalt sehr schöner Pflanzen wachsen. Es müssen kalkliebende und kalkablehnende Pflanzen unterschieden werden, d. h. Pflanzen die keinen oder nur wenig sauren Boden lieben und Pflanzen, die einen ausgesprochenen sauren Boden lieben (s. pH-Wert). Man spricht dann auch von sogenannten »Sauerwiesen«.

Beispiel Feuchtwiese

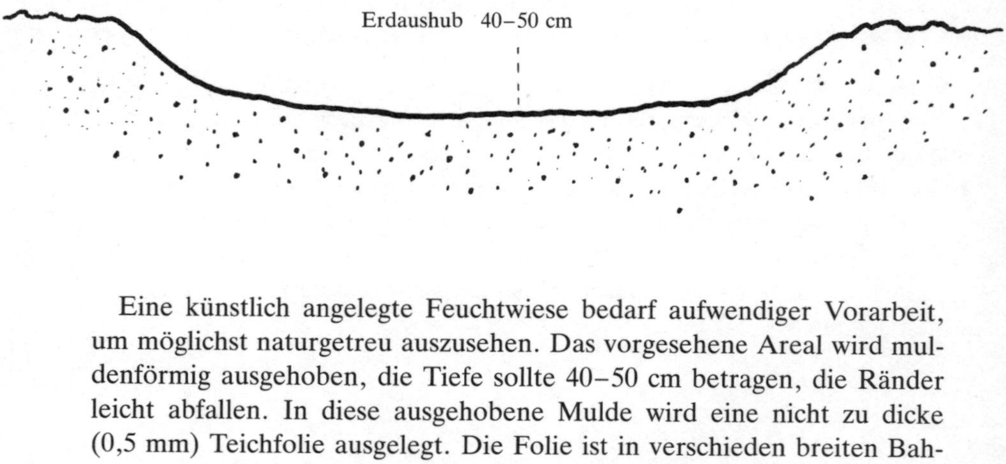

Eine künstlich angelegte Feuchtwiese bedarf aufwendiger Vorarbeit, um möglichst naturgetreu auszusehen. Das vorgesehene Areal wird muldenförmig ausgehoben, die Tiefe sollte 40–50 cm betragen, die Ränder leicht abfallen. In diese ausgehobene Mulde wird eine nicht zu dicke (0,5 mm) Teichfolie ausgelegt. Die Folie ist in verschieden breiten Bahnen erhältlich. Vorher wird der Untergrund geglättet, Steine sowie starke Wurzeln werden entfernt. Als Untergrund ist Lehmerde ideal, denn man kann sie gut feststampfen. Danach werden die Folienbahnen ausgelegt.

Aushub und Aufbringen der Sandschicht.

Ausgelegte Teichfolie, Faltenbildung schadet der Folie nicht.

Auf eine Erdabdeckung wurde hier verzichtet. Im Vordergrund wurde ein Sumpfteil angelegt, als Abgrenzung zum Wasserteil eine 50 cm hohe Natursteinmauer errichtet.

Beispiel für die Randgestaltung, hier wurden Ziegelsteine verwendet.

In einem Biotop herrscht ein ausgewogenes Verhältnis zwischen Wasser, Tier und Pflanze.

Über die Ziegelsteine wurde die Folie geschlagen und mit Erde abgedeckt.

Randbereich mit Erde aufgefüllt und bepflanzt.

Zwischenstation für Regenwasser mit Segge bepflanzt.

Ein mit Steinen bedeckter Folienteich wirkt wenig naturnah.

Gemeiner Gilbweiderich (Lysimachia vulgaris).

Blutweiderich (Lythrum salicaria).

Froschlöffel (Alisma) umgeben von der Kleinen Wasserlinse (Lemna minor).

Pfeilkraut (Sagittaria sagittifolia).

Pfennigkraut (Lysimachia nummularia), diese rankenbildende Pflanze ist ein guter und schneller Bodendecker.

Rosen- oder Sumpfprimel (Primula rosea).

See- oder Teichsimse (Scirpus lacustris) mit überhängenden Blütenständen (rechts im Bild).

Sumpfdotterblume (Caltha pal.), sie zählt mit zu den ersten Frühjahrsblühern.

Tannenwedel (Hippuris vulgaris) im Vorder- und Hintergrund.

Weiße Seerose (Nymphaea alba), so eine Blütenansammlung kommt nur selten vor.

Die Schönheit der Seerosen ist unübertrefflich.

Das Rauhe Hornkraut (Ceratophillum demersum) kann unter Wasser große Flächen bedecken.

Wasserstern (Callitriche).

Blühender Schlangenknöterich (Polygonum bistorta).

Gauklerblume (Mimulus ringens).

Greiskraut (Ligularia), eine ideale Pflanze für die Randzone.

Sumpfprimel (Primula florindae), diese Primelart besitzt hängende Einzelblüten.

Taglilie (Hemerocallis).

Waldgeißbart (Aruncus dioicus).

Gemeiner Wasserdost (Eupatorium cannabinum) kurz vor dem Aufblühen.

Der Wasserstern (Callitriche) bleibt auch unter einer Eisdecke grün.

Hasenglöckchen (Hyacinthoides hispanica).

Ausschnitt einer Feuchtwiese: Gemeiner Gilbweiderich, Sumpfstorchschnabel und Blutweiderich zwischen verschiedenen Gräsern.

Kriechendes Fingerkraut (Potentilla reptans).

Kriechender Hahnenfuß (Ranunculus repens).

Weiden-Alant (Inula salicina).

Kuckucks-Lichtnelke (Lychnis flos-cucali).

Rauhhaariges Weidenröschen (Epilobium hirsutum).

Sumpf-Storchschnabel (Geranium palustre).

Gänseblümchen (Bellis perennis) und Kriechender Hahnenfuß (Ranunculus repens) bilden noch keine Blumenwiese.

Wiesen-Storchschnabel (Geranium pratense).

Bach-Nelkenwurz (Geum rivale).

Der Klatsch-Mohn (Papaver rhoeas) zählt zu den ein- bzw. zweijährigen Pflanzen.

Echtes Labkraut (Galium verum).

Korn-Rade (Agrotemma githago),
sie zählt zu unseren schönsten Wildblumen.

Echte Steinnelke oder Karthäusernelke
(Dianthus carthusianorum).

Wiesen-Salbei (Salvia pratensis).

Oben links:
Bären-Lauch (Allium ursinum).

Oben rechts:
Gefleckter Aronstab (Arum maculatum).

Mitte links:
Fruchtstand des Aronstabes.

Unten links:
Diptam (Dictamnus albus).

Unten rechts:
Der Gelbe Fingerhut (Digitalis lutea) zählt zu den Stauden, der Rote Fingerhut (Digitalis purpurea) zu den zweijährigen Pflanzen.

Fadenalgen (Grünalgen) lassen sich
um einen Stock gewickelt zwar nicht gänzlich,
jedoch zum Großteil entfernen.

Junger Teichmolch
(für die Aufnahme auf eine Seerosenblatt gesetzt,
so zeigt er sich normalerweise nicht).

Teichmolchmännchen im Hochzeitskleid,
im Hintergrund Teichmolchweibchen.

Teichmuschel,
sie benötigt der Bitterling zur Fortpflanzung.

Ein Steg erleichtert Arbeiten an größeren Biotopen.

Oben links:
Teichfroschmännchen mit Schallblasen, die beim Rufen hervortreten.

Oben rechts:
Teichfrösche sind oft kaum auszumachen durch ihre »Tarnfarbe«, sie verraten sich aber meistens durch den Sprung ins Wasser.

Unten links:
Größenvergleich –
im Vordergrund Seefrosch, dahinter Teichfrosch.

Unten rechts:
Teichfrosch mit Regenwurm im Maul.

Ein Verschweißen erübrigt sich, da absolute Dichte hier nicht erwünscht ist. Die Bahnen werden genügend breit überlappt. Die Überlappung kann man zusätzlich mit einem nicht zu flüssigen Lehmbrei abdecken, damit sich die Bahnen beim Auffüllen der übrigen Erde nicht verschieben. Die Folienränder werden einfach umgeschlagen bzw. abgeschnitten, sie werden später beim Auffüllen der Mulde mit abgedeckt. Als Auffüllerde wird in der Regel die Aushuberde verwendet, der man Torfmull und Sand beimischt. Torf hält ja bekanntlich Feuchtigkeit, deshalb ist es wichtig, daß er hier zugesetzt wird. Wenn er auch im übrigen Garten durch andere Materialien ersetzt werden sollte.

Zusätzlich kann ein Rindensubstrat untergemischt werden. Hier muß man allerdings genau unterscheiden zwischen Rindenmulch, das man nur

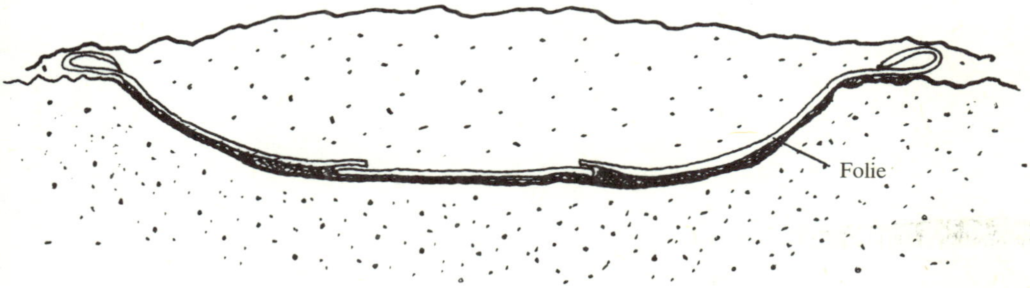

zur Bodenabdeckung verwendet, und Rindenkultursubstrat, das für Kulturen zum Untermischen verwendet wird. Rindenmulch ist für eine Feuchtwiese nicht geeignet, denn durch Mulchen möchte man ja unter anderem auch das Wachsen von Unkräutern bzw. Wildkräutern im Garten verhindern – und gerade dieses soll ja in einer Feuchtwiese nicht unterdrückt werden.

Nach dem Auffüllen der Erde wird kräftig eingewässert, gegebenenfalls muß dies wiederholt werden. Dieses Areal bleibt nun vier Wochen liegen. Durch das Einwässern wird sich der Boden noch etwas setzen, es empfiehlt sich deshalb beim Auffüllen das Areal ganz leicht hügelig zu gestalten. Notfalls muß man nach drei bis vier Wochen noch etwas Erde auffüllen. Regnet es in dieser Zeit nicht, empfiehlt es sich, zwischendurch noch einmal zu wässern, denn die Feuchtwiese darf nicht austrocknen. Trocknet sie aus, kommt es zu Rissen in der Erde, ähnlich wie in Tümpeln, die im Sommer häufig austrocknen.

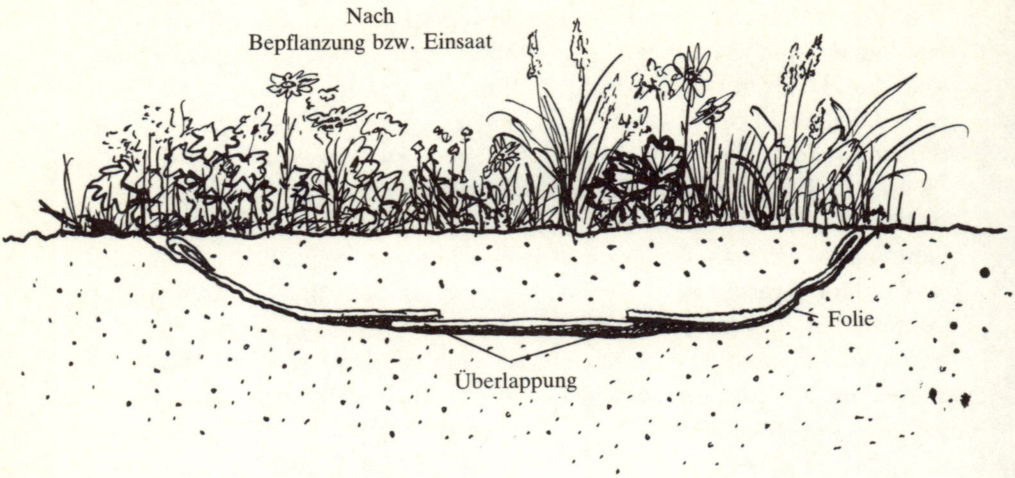

Nach dem Auffüllen sollte die Wiese bis zum Einpflanzen oder Einsäen nicht oder nur mit Hilfe eines Brettes betreten werden. Vorübergehende Wasseransammlungen bei starkem Niederschlag schaden der Feuchtwiese nicht. Das Wasser wird bald ins Umland abgegeben, da durch die Überdeckung der Folienränder mit Erde eine Verbindung zum übrigen Umland gegeben ist. Da das Umland eine Art Sogwirkung ausübt, werden die Wasseransammlungen bald abgeleitet.

Die Bepflanzung oder Aussaat sollte im Herbst oder Frühjahr stattfinden, das sollte beim Anlegen berücksichtigt werden. Eine Wasserzuführung ist nur in Trockenperioden nötig. Liegt die Feuchtwiese ständig in der Sonne, wird eine Wasserzufuhr früher nötig sein als bei einer Halbschattenlage oder bei einer Teilbesonnung.

Die Pflanzendichte, d. h. das Zuwachsen der Wiese wird natürlich nicht gleich im ersten Jahr gelingen, doch bereits im zweiten Jahr wird der Erfolg sichtbar. Ähnlich ist es ja bei einer Trockenwiese auch.

Nachfolgend Pflanzen für die Feuchtwiese, sofern sie nicht schon unter dem Kapitel Randbepflanzung genannt wurden.

WEISSBLÜHENDE PFLANZEN

Wiesen-Schaumkraut (Cardamine pratensis)

Diese Wildstaude bringt beim Aufblühen zunächst leicht lila, später in Weiß übergehende Blüten, die traubenförmig angeordnet sind. Aber auch zartlila bleibende Formen sind anzutreffen. Höhe 30–60 cm, Blütezeit April bis Mai.

Weiße Taubnessel (Lamium album)

Diese brennesselähnliche Pflanze bringt 5–8 Blüten blattachselständig in Scheinquirlen. Sie ist Stickstoffliebend mit Ausbreitungsdrang. Höhe 30–60 cm, Blütezeit April bis Oktober.

Gemeiner Beinwell (Symphytum officinale)

Der nickende Blütenstand ist trugdoldig angeordnet, er wird gerne von Hummeln aufgesucht. Die Pflanze besitzt rauhhaarige Blätter, sie ist giftig, gilt aber wie so viele Giftpflanzen, als Heilpflanze. Neben der weißlichgelb blühenden Art gibt es auch purpur- und rosaviolettblühende Rassen. Höhe 30–100 cm, Blütezeit Mai bis September.

Sumpf-Schafgarbe, Bertramsgarbe (Achillea ptarmica)

Die elfenbeinfarbenen Blüten sind trugdoldig angeordnet. Die Pflanze wächst auf feuchten Wiesen und zählt zu den Heilpflanzen. Höhe 30–70 cm, Blütezeit Juli bis September.

Wiesen-Augentrost (Euphrasia rostkoviana)

Die kleinen Blüten erscheinen in endständigen Ähren. Die Pflanze kommt mit wenig nährstoffhaltigem Boden aus. Sie ist kalkscheu, giftig und gilt als Heilpflanze. Höhe 5–25 cm, Blütezeit Juli bis Oktober.

GELBBLÜHENDE PFLANZEN

Kriechendes Fingerkraut (Potentilla reptans)

Die gelben Blüten erscheinen einzeln in den Blattachseln der meist fünfzähligen Blätter. Höhe 30–60 cm, Blütezeit Mai bis August.

Kriechender Hahnenfuß (Ranunculus repens)

Die goldgelben Blüten erscheinen einzeln aus den Blattachseln. Die Pflanze bildet oberirdische Ausläufer, die an den Blattknoten wurzeln und so immer weiter wandern. Die Pflanze ist schwach giftig. Höhe 15–50 cm, Blütezeit Mai bis August.

Scharfer Hahnenfuß (Ranunculus arcis)

Die goldgelben Blüten erscheinen in lockeren Rispen. Auf Weiden werden die Pflanzen von Kühen wegen eines auf der Zunge brennenden Giftes gemieden. Die gelben Blüten bestimmen im Mai das Bild feuchter Wiesen. Höhe 30–100 cm, Blütezeit Mai bis Juli.

Sumpf-Hornklee (Lotus uliginosus)

Diese gelbe Kleeart bringt Blütenbündel in doldigen Köpfchen, Stengel meist aufrecht. Höhe 10–60 cm, Blütezeit Juni bis Juli.

Weiden-Alant (Inula salicina)

Die Pflanze bringt leuchtendgelbe Blütenkörbchen, außen Zungenblüten, innen Röhrenblüten. Die Blätter sehen Weidenblättern ähnlich, deshalb auch die Namensbezeichnung. Höhe 30–60 cm, Blütezeit Juni bis August.

Wiesen Platterbse (Lathyrus pratensis)

Die Blüten erscheinen langgestielt in Trauben. Die Blütenstiele treten aus den Blattachseln hervor. Die Blätter sind paarig gefiedert, zwei Teilblättchen mit einer Ranke. Höhe je nach Umfeld 30–100 cm, Blütezeit Juni bis August.

ROT BIS ROSABLÜHENDE PFLANZEN

Kuckucks-Lichtnelke (Lychnis flos-cuculi)

Die rosaroten Blüten bilden eine lockere Trugdolde. Die Pflanze ist ein Feuchtigkeitsanzeiger. Höhe 30–70 cm, Blütezeit Mai bis Juni.

Rauhhaariges Weidenröschen (Epilobium hirsutum)

Die Blüten erscheinen einzeln in lockerer Traube in einer kräftigen rosa Farbe. Sie treten aus den Blattachseln hervor. Die Pflanze wächst aufrecht, nach oben hin verästelt. Höhe 50–150 cm, Blütezeit Mai bis August.

Kleiner Baldrian (Valerina dioicia)

Die rosa bis fleischroten Blüten bilden eine Trugdolde an aufrechten Stengeln. Höhe 10–30 cm, Blütezeit Mai bis Juni.

Echter Baldrian (Valeriana officinalis)

Die weißlichroten Blütchen bilden eine Doldenrispe. Die Art fällt durch ihre Höhe in der Wiese auf, da sie meistens die anderen Wiesenblumen überragt. Sie gilt als Heilpflanze. Höhe 30–170 cm, Blütezeit Juni bis September.

Sumpf-Storchschnabel (Geranium palustre)

Die violettroten bis rosaroten Blüten stehen zu zweit an ästigen Stengeln. Die kräftige Blütenfarbe hebt sie hervor. Die Samen dieser Staude können bis zu 2,5 m weit geschleudert werden. Durch das Trockenlegen von Feuchtwiesen ist diese Art selten geworden. Höhe 20–100 cm, Blütezeit Juni bis September.

Sumpf-Ziest (Stachys palustris)

Die roten bis rosa Blüten erscheinen in den oberen Blattachseln und endständig. Vor dem Aufblühen sehen sie eher violett aus. Die Blüten sind in Scheinquirlen angeordnet. Höhe 10–60 cm, Blütezeit Juni bis August.

BLAU, VIOLETT, PURPURBLÜHENDE PFLANZEN

Wiesen-Glockenblume (Campanula patula)

Diese Pflanze zählt nicht zu den Stauden sondern zu den ein- bzw. zweijährigen Pflanzen. Die Vermehrung geschieht durch Selbstaussaat der Pflanze. Die blauvioletten Blüten sind bis zur Mitte gespalten. Höhe 30–60 cm, Blütezeit Mai bis Juli.

Kleines Helmkraut (Scutellaria minor)

Die blauvioletten Lippenblütchen stehen in den Blattachseln der verästelten Stengel. Höhe 5–25 cm, Blütezeit Juni bis August.

Wiesen Storchschnabel (Gernaium pratense)

Die blauen Blüten (es gibt hier häufig Abstufungen) erscheinen zu zweien an aufrechten Stengeln. Bei regnerischem Wetter und nachts nicken die Blüten. Der Samen kann durch den Schleudermechanismus der Pflanze weit fortgeschleudert werden. Höhe 30–60 cm, Blütezeit Juni bis September, auf abgemähten Wiesen ist es wieder die erste Pflanze, die nach dem Neuaustrieb zu blühen anfängt.

Roß-Minze (Mentha longifolia)

Die Pflanze bildet rötlichviolette Blütenähren am Ende des Stengels. Höhe 30–70 cm, Blütezeit Juli bis August.

Großer Wiesenkopf (Sanguisorba officinalis)

Die braunen bis schwarzpurpurnen Blütenköpfe stehen an aufrechten, wenig verzweigten Stengeln. Die Blüten fallen durch ihre dunkle Farbe in der Wiese auf. Höhe 60–150 cm, Blütezeit Juni bis August.

Bach-Nelkenwurz (Geum rivale)

Die Pflanze bringt nickende Glockenblüten. Die rötlichgelben Blütenblätter sind kaum sichtbar, da sie von den rotbraunen Kelch überdeckt werden. Es ist eine alte Heilpflanze. Höhe 30–50 cm, Blütezeit April bis Mai.

Die Blumen- bzw. Kräuterwiese

Als Einfassung bzw. Umland für ein Gartenbiotop kann man eine Blumen- oder Kräuterwiese anlegen. Doch zunächst muß man sich über eines klar sein: Eine Blumenwiese muß im wahrsten Sinne des Wortes eine – wenn auch kleine – Wiese sein. Man kann eine Blumenwiese nicht auf 5 oder 10 m^2 Fläche anlegen. Fachleute meinen, daß für eine Blumenwiese eine Fläche von 200 m^2 das Minimum sei. Eine Blumenwiese kann keine Spielwiese sein, auch als Grillplatz ist sie ungeeignet. Man bedenke, daß eine Blumenwiese bei Neuanlage nur zwei- bis dreimal gemäht wird, später sogar nur einmal. Für den Mähzeitpunkt läßt sich kein bestimmtes Datum festlegen. Hier richtet man sich nach der Reife der Blumen bzw. Kräuter, die man fördern möchte. Man wartet also bis es zur Samenreife gekommen ist, so daß eine Selbstaussaat stattfinden kann.

Auf keinen Fall wird vor oder während der Blütezeit gemäht. Das Schnittgut wird abgeräumt. Bei heißen sonnigen Wetter sollte man die Schnittarbeit auf einen trüben Tag verschieben. Das tierische Leben in einer Blumenwiese ist ebenso vielfältig wie das der Pflanzen, immer vorausgesetzt, daß die Wiese groß genug ist.

Der Pflanzenwuchs läßt sich beispielhaft in Erdgeschoß und 2 Etagen einteilen.

Im Erdgeschoß leben Käfer und Schnecken aller Art, letztere zumindest tagsüber, auch Ameisen, Asseln und Tausendfüßler sind dort zu finden.

In der ersten Etage sind Marienkäfer und Spinnen zu Hause, aber auch Blattläuse, die wiederum dienen dem Marienkäfer und seinen Larven als Nahrung.

In der obersten Etage schließlich, da wo die Blüten ihre Pracht entfalten, findet man Bienen, Hummeln, Schmetterlinge und viele andere Gattungen. Sie benötigen zum Teil bestimmte Pflanzen bzw. Blüten, es werden also bei einer Blumenwiese auch bestimmte Schmetterlinge und Insekten angelockt. Eine normale Grasmischung hat etwa 12 Rasenarten. Je vornehmer und feiner eine rasenmischung ist, desto weniger Rasenarten kommen darin vor (Englischer Rasen).

Eine Blumenmischung hat je nach Zusammensetzung 20–50 Arten an Gräsern und Kräutern. Ein Rasen mit Gänseblümchen und Weißklee ist also noch keine Blumenwiese. Man sollte sich auch nicht zum Ziel setzen, eine Hochgebirgswiese anlegen zu wollen. Das wird nicht gelingen, und es wäre schade um den Samen (sofern man eine solche Mischung bekommt).

Neuanlage

Bei der Neuanlage einer Blumenwiese geht es in erster Linie um Lage und Bodenbeschaffenheit. Ein nährstoffreicher Boden ist nicht geeignet. Am besten eignet sich ein Boden der nährstoffarm, eher trocken als naß und kalkhaltig ist. Das soll aber nicht heißen, daß man an einer feuchten Stelle keine derartige Wiese anlegen kann, nur muß dann auf bestimmte Wildblumen verzichtet werden, es kommen hier dann feuchtliebende Pflanzen zur Aussaat.

Ebenso wichtig ist die sonnige Lage. Eine Blumenwiese unter Bäumen wird nicht das gewünschte Resultat bringen.

Ist die oberste Bodenschicht zu nährstoffreich muß sie eventuell abgetragen und durch mageren Boden ersetzt werden. Bei einer größeren Fläche ist dies nicht gerade einfach, jedoch kann man hier auch anders verfahren (s. Umwandlung von Rasenanlagen).

Bei schwerem Boden wird entsprechend Sand eingearbeitet. Bei saurem Boden muß aufgekalkt werden.

Bei schweren Böden werden 20 kg Brand- oder Löschkalk je 100 m^2 benötigt, um den pH-Wert des Bodens um 1 pH zu erhöhen.

Bei mittleren Böden werden 17 kg Brand- oder Löschkalk benötigt.

Bei leichten Böden 30 kg kohlensaurer Kalk.

Voraussetzung ist natürlich, daß man den pH-Wert des Bodens kennt. Hierzu ist eine Bodenuntersuchung auf den pH-Wert des anzulegenden Stückes erforderlich.

Den Boden bezeichnet man nach den pH-Werten folgendermaßen:

pH-Wert 5: Boden sauer (starker Kalkbedarf)
pH-Wert 6: Boden schwach sauer (mäßiger Kalkbedarf)
pH-Wert 7: Boden neutral (kein Kalkbedarf)
pH-Wert 8: Boden alkalisch (kein Kalkbedarf)
pH-Wert 9: Boden stark alkalisch (kein Kalkbedarf)

Den pH-Wert kann man auch selbst feststellen, indem man sich ein geeignetes Gerät im Fachhandel besorgt, z. B. das »Heilige Pehameter«. Das Gerät besteht aus einer Pehameterplatte mit Farbskala, einen Löffel zur Bodenprobenentnahme und einem Fläschchen Bodenindikator.

Saatgut / Aussaat

Um einen optimalen Aufbau einer Blumen/Kräuterwiese zu erreichen, sollten nicht mehr als 10 Gramm einer Saatgutmischung ausgebracht werden, eher weniger. Bei einer Grassamenmischung setzt man 30–40 Gramm Samen pro m^2 an. Man bedenke, daß sich die eingesäten Wildpflanzen durch Selbstaussaat weiter vermehren sollen. Eine Saatgutmischung sollte für den Anfang nicht zuviel Arten an Wildstauden enthalten. Später lassen sich immer noch einzelne Arten durch Nachsäen oder durch Pflanzung von vorgezogenen Arten unterbringen.

Pflanzen sollte man möglichst in Töpfen oder in sogenannten »Nespak«- (J. Wagner) oder anderen Topfplatten vorziehen. Nespakplatten bzw. Topfplatten werden in Gärtnereien für die Anzucht von Jungpflanzen verwendet. Sie bestehen aus in Rechteckform aneinander gereihten PVC-Töpfchen von 4–9,5 cm Durchmesser. Die einzelnen Töpfchen besitzen Wasserabzugslöcher. In diesen Töpfchen kann man Wildpflanzen oder andere Pflanzen einsäen oder auch einpikieren. Der Vorteil dieser Anzuchtart besteht darin, daß man gute Topfballen erhält. Beim späteren Auspflanzen tritt keine Wachstumsstockung ein, so daß man zu jeder Zeit während der Vegetationszeit auspflanzen kann.

Beim Kauf von Samen ist darauf zu achten, daß man nicht eine Sommerblumenmischung verlangt sondern eine Wildblumenmischung oder eine Wildpflanzenmischung. Eine Sommerblumenmischung besteht nämlich aus einjährigen Sommerblumen, also Kulturpflanzen. Während eine Blumenrasenmischung aus unverfälschten heimischen Wildblumen besteht. Natürlich sind auch hier Grasarten mit dabei, denn zu einer Blumenwiese gehört auch Gras (Bezugsquellen s. Anlage).

Das Saatgut ist leicht 1–2 cm tief einzuarbeiten und festzudrücken. Dazu verwendet man Trittbretter oder eine Walze. Vorher sollte das Saatbeet, oder besser gesagt das Saatbett, gut feinkrümelig gemacht werden.

Da die verschiedenen Wildarten recht unterschiedlich keimen, muß die Aussaat mindestens vier Wochen gleichmäßig feucht gehalten werden. Trocknet das Saatbeet aus – wenn auch nur vorübergehend – kann es dazu führen, daß die eine oder andere Pflanzenart nicht recht keimt.

Nachfolgend ein paar geeignete Wildpflanzen für Wiesen (Trockenwiesen).

WEISSBLÜHENDE WIESENSTAUDEN

Gänseblümchen (Bellis perennis)

Die weißen Blüten erscheinen einzeln auf blattlosen Stielen. Die äußeren reinweißen Zungenblüten können auch rötlich gefärbt sein. Bei feuchter Witterung und nachts schließen sie sich. Die Blätter bilden eine Rosette, deshalb ist die Pflanze auch im ausgesprochenen Zierrasen nicht gerne gesehen, dabei ist es gerade sie, die einen Zierrasen auflockern kann.

Es gibt kaum eine blühfreudigere Wiesenstaude, sie blüht fast das ganze Jahr über, besonders wenn der Winter milde ist.

Höhe 3–10 cm, in den Wiesen auch noch höher, Blütezeit fast das ganze Jahr.

Wiesen-Labkraut (Galium mollugo)

Das Wiesenlabkraut bildet sehr viele kleine Blütchen, die die in dichten Rispen angeordnet sind. Die aufsteigenden Stengel sind vierkantig und stark verästelt. Die kleinen schmalen spitzen Blätter sind quirlständig angeordnet. Die Pflanze ist häufig auf Wiesen anzutreffen und bestimmt während der Blütezeit die Farbe. Sie wird von kleinen Insekten aufgesucht, weniger von Bienen. Höhe je nach Umfeld 30–100 cm, Blütezeit Mai bis August.

Astlose Graslilie (Anthericum liliago)

Die weißen Blütchen bilden eine einfache Traube an aufrechten Stengeln. Die Blätter sind grasartig. Die Pflanze ist nicht häufig anzutreffen. Höhe 30–70 cm, Blütezeit Mai bis Juni.

Die *Ästige Graslilie (Anthericum ramosum)* bringt ebenfalls kleine weiße Blüten, bildet aber eine verzweigte lockere Rispe. Sie liebt eher kalkhaltigen Boden, wogegen die astlose Art eher kalkarmen Boden liebt. Sie kann je nach Umfeld ziemlich hoch werden. Höhe 30–100 cm, Blütezeit Mai bis Juli.

Wiesen-Margerite (Crysanthemum leucanthemum)

Die bekannte Wiesenpflanze bringt weiße Blüten mit gelber Mitte, endständig an aufrechten Stengeln. Ihr Duft ist nicht gerade lieblich. Die unteren Blätter sind gezähnt und gestielt, die oberen am Stengel sitzend. Die Staude wächst auf den unterschiedlichsten Böden. Sie wurde jedoch durch Düngung von landwirtschaftlich genutzten Flächen verdrängt. Höhe 30–60 cm, Blütezeit Mai bis Oktober.

Taubenkropf-Leimkraut (Silene vulgaris)

Diese Staude trägt den Namen zurecht, denn die weiße Blüte besitzt einen wie aufgeblasen aussehenden netzadrigen Blütenkelch, der an einen Taubenkropf erinnert. Die Blätter sind gegenständig angeordnet. Ansonsten wirkt die Pflanze eher kahl. Sie besitzt keinen klebrigen Stengel. Höhe 20–50 cm, Blütezeit Juni bis August.

Gemeine Schafgarbe (Achillea millefolium)

Die Pflanze bringt außen weiße oder rosarote Zungenblüten, innen gelblichweiße Röhrenblüten, die trugdoldig angeordnet sind. Die doppelt fiederteiligen Blätter duften aromatisch wenn man sie zerreibt. Die Pflanze gilt als Heilpflanze. Höhe 20–50 cm, Blütezeit Juni bis August.

GELBBLÜHENDE WIESENSTAUDEN

Gemeiner Löwenzahn (Taraxacum officinale)

Der Gemeine Löwenzahn ist in fast allen Lagen anzutreffen. Die gelben Blüten erscheinen endständig an röhrigen Stengeln, die weißen Milchsaft enthalten. Höhe 10–60 cm, Blütezeit März bis Juni.

Wiesen-Pippau (Crepis biennis)

Die leuchtendgelben Blütenkörbchen sind locker doldenrispig angeordnet. Die Pflanze besitzt nur Zungenblüten. Die gerillten Stengel sind nach oben hin verzweigt. Die unteren Blätter sind fiederlappig bis fiederteilig, die oberen ungeteilt. Höhe je nach Umland 60–120 cm, Blütezeit Mai bis September.

Kleines Habichtskraut (Hieracium pilosella)

Die gelben Blüten erscheinen in einzelnen Körbchen (Korbblütengewächs). Die Pflanze hat nur Zungenblüten. Die Blätter sind unten filzig behaart, das hat der Pflanze auch noch den Namen »Behaartes Habichtskraut« eingebracht. Es kommen auch Varianten vor, die an der Blütenunterseite rötlich oder orange gefärbt sind. Höhe 8–30 cm, Blütezeit Mai bis Oktober.

Echtes Labkraut (Galium verum)

Die Pflanze bringt endständige zitronengelbe Rispen hervor. Die aufsteigenden Stengel besitzen vier positiv hervorstehende Linien. Die nadelförmigen Blätter sind quirlständig angeordnet. Höhe je nach Umland 20–60 cm, Blütezeit Juni bis Oktober.

Kleiner Odermennig (Agrimonia eupatoria)

Die gelbblühende Pflanze bringt eine Vielzahl kleiner Blüten, die in einer Traube angeordnet sind. Die Stengel – mehr oder weniger verzweigt – stehen aufrecht und sind rauhhaarig. Die Pflanze liebt Kalkböden. Höhe 30–130 cm, Blütezeit Juni bis August.

Gemeines Leinkraut (Linaria vulgaris)

Die zweilippig gespornten Blüten sind in Trauben angeordnet und erinnern an Löwenmaul (Antirrhinum). An dem aufrechten Stengel stehen zahlreiche lineal-lanzettliche Blätter. Die Pflanze verzweigt sich nach oben hin. Höhe 30–60 cm, Blütezeit Juni bis Oktober.

ROTBLÜHENDE WIESENSTAUDEN

Hierunter fallen rote und rosablühende Wiesenstauden.

Esparsette (Onobrychis viciifolia)

Diese, zu den Schmetterlingsgewächsen zählende Pflanze, bringt rosarote Traubenblüten. Die Pflanze ist reichblühend und dient auch als Futterpflanze. Höhe 30–60 cm, Blütezeit Mai bis Juni.

Klatschmohn (Papaver rhoeas)

Der Klatschmohn zählt zwar nicht zu den Stauden, sondern zu den einjährigen bzw. zweijährigen Pflanzen, sollte aber hier nicht vergessen werden. Seine Leuchtkraft bereichert eine Magerwiese sehr. Er ist leicht giftig und vermehrt sich durch Selbstaussaat. Die scharlachroten Blüten, am Grund schwarz gefleckt, stehen einzeln an behaarten, wenig verzweigten Stengeln. Höhe 30–80 cm, Blütezeit Mai bis Juli.

Korn-Rade (Agrostemma githago)

Diese sehr schöne Blume, die sowohl als einjährige (Getreidefelder), als auch als mehrjährige Pflanze bezeichnet werden kann, ist leider sehr selten anzutreffen. Die Blüten erscheinen endständig an verzweigten Stengeln und besitzen eine schöne rotviolette Farbe. Höhe 40–100 cm, Blütezeit Juni bis August.

Echte Steinnelke, Karthäusernelke (Dianthus carthusianorum)

Die rosa bis roten Blüten erscheinen oft zu mehreren endständig an aufrechten Stengeln. Es gibt mehrere Formen. Höhe 15–50 cm, Blütezeit Juni bis September.

Rot-Klee (Trifolium pratense)

Diese Kleeart kommt in verschiedenen Rotfärbungen vor. Meistens erscheinen zwei Blütenköpfe an einem Blütenstengel. Höhe 25–30 cm, Blütezeit Juni bis Oktober.

Wiesen-Flockenblume (Centaurea jacea)

Die rötlichen Blütenkörbchen erscheinen endständig an kantigen Stengeln. Es gibt von dieser Pflanze eine Reihe von Varianten, sowohl in der Blütenfarbe als auch im Gesamtwuchs der Pflanze. Höhe 30–100 cm, Blütezeit Juni bis Oktober.

BLAU- BIS VIOLETTBLÜHENDE WIESENSTAUDEN

Großer Ehrenpreis, Persischer Ehrenpreis (Veronica persica)

Diese himmelblaublühende Ehrenpreisart machte den Weg von Kleinasien über die botanischen Gärten (Karlsruhe) nach Mitteleuropa. Höhe 10–40 cm, Blütezeit März bis Dezember.

Gamander Ehrenpreis (Veronica chamaedrys)

Diese reichblühende Ehrenpreisart ist häufig anzutreffen. Sie bildet lokkere Blütentrauben. Höhe 15–30 cm, Blütezeit April bis Juni.

Acker-Witwenblume (Knautia arvensis)

Diese Art heißt zwar Acker-Witwenblume, ist aber häufig auf Wiesen anzutreffen. Die Blüten erscheinen in endständigen Köpfen in violettblauen Farben. Höhe 30–70 cm, Blütezeit Mai bis August.

Rundblättrige Glockenblume (Campanula rotundifolia)

Nickende glockenförmige Blüten kennzeichnen diese Art. Höhe 15–50 cm, Blütezeit Juni bis September.

Kornblume (Centaurea cyanus)

Die Kornblume zählt zu den Einjahresblumen und vermehrt sich durch Selbstaussaat. Die Blüten erscheinen einzeln in Körbchen an verzweigten Stengeln. Durch Saatgutreinigungen ist die Pflanze von den Getreidefeldern fast verschwunden. Höhe 39–90 cm, Blütezeit Juni bis Oktober.

Wiesen-Salbei (Salvia pratensis)

Die Pflanze fällt durch ihre ährenblütig angeordneten blauvioletten Blüten auf. Sie wird während der Blüte gern von Hummeln aufgesucht. Höhe 30–90 cm, Blütezeit Mai bis Juli.

Wildstauden

Wildstauden haben ihren jeweiligen Lebensbereich in der freien Natur. Das können z. B. der Wald, der Waldrand, die Uferzone, aber auch freie Flächen wie Heide oder felsige Matten sein.

Doch zunächst muß die Staude erläutert werden. Häufig wird alles was wächst, grünt und blüht als Staude bezeichnet. So bezeichnet man z. B. auch die Kartoffelstaude oder die Kohlstaude als solche, obwohl diese Bezeichnung für diese Pflanzen nicht zutrifft. Was sind Stauden? Stauden sind, botanisch gesehen, alle Pflanzen von krautartiger Beschaffenheit, deren oberirdische Teile im Herbst oder später einziehen, d. h. vertrocknen und absterben. Die unterirdischen Wurzelstöcke oder Rhizome jedoch sterben nicht ab, sondern speichern Nährstoffreserven, mit deren Hilfe sie alljährlich wieder oberirdische Erneuerungssprosse (Austrieb) bilden.

Im Gegensatz zu den ein- oder zweijährigen Pflanzen bleiben Stauden viele Jahre erhalten.

WILDSTAUDEN SELBST HERANZIEHEN?

Saatgut von Wildstauden ist im Samenfachhandel erhältlich. Doch sei gesagt, daß das Heranziehen von Wildstauden durch Aussaat nicht ganz so einfach ist. So gibt es z. B. Frost- bzw. Kaltkeimer. Diese benötigen verschiedene Warm- und Kaltbehandlungen, um zur Keimung zu gelangen. Zunächst wird die Aussaat 2–4 Wochen warm (etwa 18°C) gestellt, danach 4–6 Wochen kalt (etwa -4 bis +4°C).

Bei einer Reihe von Wildstauden wäre es verkehrt, die Aussaat nach dem Auflaufen gleich warm zu stellen, um vielleicht das Wachstum zu beschleunigen, häufig ist das Gegenteil der Fall. Oft resigniert der Gartenfreund und meint, der Samen geht nicht mehr auf. Hier sollte man Geduld haben und die Saatgefäße nicht gleich ausleeren. Es gibt Stauden, die nach dem Kühlstellen nicht gleich auflaufen, deshalb müssen sie auch danach bei 5–10°C aufgestellt werden. Auch ein Bedecken des Saatgefäßes mit Schnee ist bei Kalt- bzw. Frostkeimern von Vorteil. Einschlägige Samenlieferanten für Wildstauden geben meistens für jede Art Aussaathinweise.

Es wird zwar manchmal empfohlen, Aussaaten (Frost- bzw. Kaltkeimer) eine Zeitlang in die Gefriertruhe zu stellen, doch sei hier davor gewarnt. Denn das Eindringen der Minusgrade in das Samenkorn geht dabei zu plötzlich vor sich. Es kommt häufig zum Platzen des Samenkorns, so daß dieses nicht mehr keimfähig ist (mit bloßem Auge meist nicht sichtbar). Auch in der freien Natur kommt der Frost nicht plötzlich innerhalb weniger Minuten mit –5 oder –10°C, so daß sich das Samenkorn vorher darauf einstellen kann.

Eine Kühlperiode in einem Kühlschrank bei einer Temperatur von ± 0°C und einer Zeit von mindestens 2 Wochen, kann dagegen für Frost- bzw. Kaltkeimer vorgenommen werden, doch muß darauf geachtet werden, daß die Aussaat nicht austrocknet. Unsere modernen Kühlschränke absorbieren Feuchtigkeit, so daß es leicht zu einer Austrocknung kommen kann, deshalb sollte die Aussaat täglich kontrolliert werden.

Wem eine Aussaat zu kompliziert ist, kann sich auch Wildpflanzen aus der Gärtnerei besorgen, natürlich sind dies meistens Spezialbetriebe (s. Anlage).

PFLANZTIPS FÜR WILDSTAUDEN

Bevor man Wildstauden pflanzt, sollte man in etwa ihren Lebensbereich in der freien Natur kennen. Fette, nährstoffreiche Böden eignen sich am wenigsten für den Pflanzort. Die meisten Arten mögen eher einen mageren Boden. Pflanzen kann man von Frühjahr bis Herbst, da die Pflanzen in einschlägigen Gärtnereien in Töpfen und Containern angeboten werden. Sie besitzen somit Ballen und können am Pflanzort, ohne zu »trauern«, weiter wachsen. Für Pflanzen die leicht sauren Boden möchten, kann man die Pflanzstelle mit im Handel erhältlicher Moorbeeterde pflanzengerecht vorbereiten, indem man diese untermischt.Den pH-Wert (Säuregrad) kann man mit Hilfe eines pH-Meters (im Handel erhältlich) leicht selbst feststellen. Die meisten heimischen Wildpflanzen gedeihen am besten bei einem pH-Wert von 6. Anders ist es bei Alpine-Stauden, also Stauden die auf Kalkstein wachsen. Sie benötigen einen pH-Wert über 7 (alkalisch). Hier muß man notfalls aufkalken, sofern der Boden zu sauer ist. Jedoch darf man den Kalk nicht einfach auf die Erdoberfläche streuen, sondern man muß ihn untermischen bzw. einarbeiten.

WILDSTAUDEN FÜR DEN GEHÖLZRAND IM GARTEN

Der Wald ist Lebensraum für viele Stauden, ohne ihn gäbe es eine Reihe von Gattungen und Arten nicht. Ebenso verhält es sich mit dem Waldrand. Hier wachsen die meisten Wildstaudenarten. Der Waldrand kann annähernd mit einem Gehölzrand im Garten verglichen werden. Man kann hier also Stauden unterbringen, die auch am Waldrand wachsen.

Hinzu kommt, daß Stauden die am Waldrand wachsen, auch von entsprechenden Insekten und Kleintieren aufgesucht werden, die die Pflanzen bzw. Blüten als Nahrungsquelle benötigen. Bringt man also diese Pflanzen in geeigneter Weise im Garten unter, werden sich auch entsprechende Insekten und Kleintiere einfinden. Es gibt Stauden, die bestimmte Insekten als Bestäuber benötigen, um Samen anzusetzen. Verschiedene Schmetterlinge und Falter wiederum benötigen den Nektar bestimmter Blütenpflanzen, um weiterleben und sich fortpflanzen zu können.

Die Wildstaude bildet also ein sehr wichtiges Glied in dieser Kette.

Nachfolgend sollen ein paar geeignete Wildstauden für den Gehölzrand im Garten oder als Unterbepflanzung für Gehölze aufgezeigt werden. Es sind Stauden, an denen man oft achtlos vorübergeht.

Bärenlauch (Allium ursinum)

Diese heimische Lauchart kommt in nicht zu dunklen feuchten Laubwäldern, Auwäldern, aber auch in feuchten Parkanlagen vor. Auffallend sind die breiten Blätter dieser Art, sie sehen den Maiglöckchenblättern ähnlich. Alle anderen heimischen Laucharten haben schmale Blätter.

Die schneeweißen Blüten bilden Scheindolden. Die Pflanze liebt nährstoffreichen und humusreichen Lehmboden in feuchter Lage. Mitunter findet man noch ausgedehnte Bestände. Der Bärenlauch wird verschiedentlich auch als Knoblauchersatz verwendet. Er erreicht eine Höhe von 15–30 cm, die Blütezeit liegt in den Monaten April bis Juni.

Bräunliche Nestwurz (Neottia nidus-avis)

Die bräunliche Nestwurz ist eine heimische Orchideenart, die noch häufig anzutreffen ist und unter Naturschutz steht. Die Pflanze bildet gelbbraune vielblütige Ähren, die Stengel tragen Schuppenblätter. Die Wurzeln dieser Art sind netzartig verflochten, das hat der Pflanze auch den deutschen Namen »Nestwurz« eingebracht (auch Vogelnest-Orchidee). Da die Pflanze zu den Orchideen zählt, ist sie natürlich etwas Besonderes. Sie benötigt zum Gedeihen die Hilfe von Pilzen, obwohl es eigentlich keine Schmarotzerpflanze ist. Sie bedient sich der organischen Stoffe im Humus, der im Wald reichlich vorkommt. Die Pflanze ist in Laubwäldern,

Mischwäldern und in Nadelforsten anzutreffen. Sie wird je nach Standort 10–60 cm hoch, die Blütezeit liegt im Mai bis Juni.

Diptam (Dictamnus albus)

Diese sehr interessante seltene Pflanze wächst an Waldrändern, Gebüschen und Trockenwäldern. Die Staude verbreitet einen aromatischen Zitronenduft, ganz besonders an heißen und schwülen Tagen. Die Ursache sind ätherische Öle an den Fruchtständen, die an heißen Tagen verdunsten.

Die rosa geaderten Blüten sind traubig angeordnet. Die Blätter, aber auch die Blüten, ähneln der Weinraute, die Gattung zählt zur Familie der Rautengewächse.

Neben der Wildform gibt es auch eine reinweiße Gartenform, die sich nur in der Blütenfarbe von der Wildform unterscheidet. Die Pflanze wird 50–100 cm hoch, die Blütezeit liegt im Mai bis Juni.

Frühlings-Scharbockskraut (Ranunculus ficaria)

Das Frühlings-Scharbockskraut gehört zu den ersten Frühlingsboten. Die nierenförmigen Blätter treiben schon sehr früh aus und bedecken mit ihrem zarten Grün ganze Flächen. Häufig ist die Pflanze in feuchten Laubwäldern, unter Büschen, Hecken, aber auch auf Wiesen anzutreffen. Sie liebt trotz ihrer Niedlichkeit tiefgründigen, stickstoffreichen, feuchten Boden. Die Pflanze ist schwach giftig. Der Name »Scharbock« ist eine Bezeichnung für Skorbut und weist auf die Heilwirkung der Pflanze gegen Skorbut hin. Skorbut ist eine Vitamin-C Mangelerkrankung, die früher mit Hilfe dieser Pflanze behandelt wurde. Die Blätter enthalten sehr viel Vitamin C. Jedoch sammelt sich während und nach der Blüte in den Blättern der Giftstoff »Protoanemonin« an, so daß in dieser Zeit die Verwendung bedenklich ist.

Die gelben Sternblüten erscheinen einzeln langgestielt über den Blättern und werden 5–15 cm hoch, die Blütezeit ist von März bis Mai.

Gefleckter Aronstab (Arum maculatum)

Diese etwas eigenartige und sehr interessante Pflanze ist in feuchten Laubmischwäldern und Auwäldern anzutreffen. Das weißgelbliche Hüllblatt gibt zur Blütezeit einen gelblichen, nach oben hin violettfarbenen Kolben frei. Unten am Kolben sitzen die eigentlichen Blüten, wobei die männlichen über den weiblichen stehen. Durch den eigenartigen Geruch (Aasgeruch) des Kolbens werden Insekten angelockt, die ins Innere des kesselartigen Gebildes, das den Blütenstand umgibt, rutschen. Aus diesem unfreiwilligen Gefängnis können sie erst wieder heraus, wenn das

Hüllblatt welkt. Vorher versperren sperrige Haare, ähnlich einer Reuse, den Ausgang. Die Pflanze erzwingt sich dadurch eine Befruchtung ihrer weiblichen Blüten. Die eingesperrten Insekten brauchen nicht zu verhungern, denn am Grunde des Kessels befindet sich eine nektarhaltige Flüssigkeit. Die Blätter sind pfeilförmig ausgebildet und dunkelgrün bis braun gefleckt. Die Pflanze ist giftig. Etwa im Juli erscheint zunächst der grüne Fruchtstand in Form eines Kolbens mit grünen Beeren besetzt, die sich später leuchtendrot färben. Die Pflanze wird 15–30 cm hoch, die Blütezeit liegt im April bis Mai.

Gelber Fingerhut (Digitalis lutea)

Dieser gelbe Fingerhut zählt – im Gegensatz zum Roten Fingerhut (Digitalis purpurea), der zweijährig ist – zu den Stauden. Die Pflanze bringt gelbe glockenartige Blüten, die traubenartig angeordnet sind. Sie erscheinen am obersten Drittel der aufrechtwachsenden Triebe. Die Blüten zeigen kein Adernetz und keine Flecken, wie es bei der zweijährigen Art der Fall ist. Die Staude kommt seltener vor als der Rote Fingerhut und zählt zu den geschützten Pflanzen. Sie ist giftig. Sie kommt in Laubwäldern, Bergwäldern, aber auch in Kahlschlägen und Geröllhalden vor. Sie liebt lockeren, auch steinigen, aber feuchten Boden. Die Pflanze erreicht eine Höhe von 50–100 cm, die Blütezeit liegt in den Sommermonaten Juni bis Juli.

Gemeiner Frauenmantel (Alchemilla vulgaris)

Diese häufig vorkommende Pflanze ist auf feuchten Wiesen und an Waldrändern anzutreffen. Der deutsche Name »Frauenmantel« bezieht sich auf die Blattform, die mit etwas Phantasie einem Überwurfmantel ähnlich sieht. An den gezähnten Blatträndern bilden sich in feuchten Nächten Wassertropfen, die dann wie eine Glasperlenkette aussehen. Auch in der Blattmitte sammelt sich dann ein großer Wassertropfen.

Die grünlichgelben Blüten erscheinen in endständiger Rispe. Die Pflanze wird 15–30 cm hoch, die Blütezeit reicht von Mai bis Oktober.

Gemeine Weißwurz (Polygonatum odoratum)

Diese wohlriechende Weißwurz hat wechselständig angeordnete Blätter, die ziemlich waagrecht stehen. Die weißen hängenden Röhrenblüten erscheinen meistens nur einzeln in den Blattachseln. Die Pflanze ist giftig, sie enthält dieselben Giftstoffe wie das Maiglöckchen. Lichte Laubwälder, Laubmischwälder, auch Kiefernwälder sind ihr Standort. Lockerer kalkhaltiger Boden sagt der Staude zu. Die Gattung kommt nicht in größeren

Ansammlungen vor. Die Höhe liegt bei 30–50 cm, die Blütezeit im Mai bis Juni.

Gold-Taubnessel (Lamiastrum galeobdolon)

Diese brennesselähnliche Staude ohne Brennhaare besitzt an den Unterlippen der Blüte (Lippenblütengewächs) braune Flecken. Es ist eine ideale Pflanze für den Schatten. Sie bildet je nach Standort mehr oder weniger stark Ausläufer, die Pflanze bleibt an geschützten Stellen über Winter grün. Sie besitzt eine gute bodendeckende Eigenschaft und kann unter Bäumen und Sträuchern gepflanzt werden. Die Staude liebt nährstoffreichen Boden. Sie ist häufig in Laubwäldern, Mischwäldern und Auwäldern anzutreffen, seltener in Nadelwäldern. Je nach Standort wird sie 15–50 cm hoch, die Blütezeit erstreckt sich von Mai bis Juni.

Kleines Immergrün (Vinca minor)

Das kleine Immergrün ist eine reizende immergrüne Pflanze, die keine Ansprüche an Boden und Standort stellt.

Die blauen Einzelblüten haben einen Durchmesser von 4–10 mm. Die Blütenstengel sind aufgerichtet. Gartenformen besitzen größere Blüten. Die lanzettlichen Blätter sehen lederartig aus, sie sind gegenständig angeordnet. Die Pflanze ist stark ausläuferbildend und zählt zu den Bodendeckern. Es gibt auch einige Kulturformen, die bedeutend höher werden. Die Vermehrung geschieht einfach durch Abtrennen von bewurzelten Trieben.

Die Staude wird 10–15 cm hoch, die Blütezeit liegt von April bis Mai.

Leberblümchen (Hepatica nobilis)

Diese liebliche kleine Staude besitzt dreilappige Blätter. Die korrekte deutsche Bezeichnung heißt deshalb auch »Dreilappiges Leberblümchen«. Die dreilappigen Blätter sind langgestielt. Die anemonenähnlichen Blüten öffnen sich nur bei schönem Wetter. Am Abend und bei Regenwetter schließen sie sich und nehmen eine nickende Haltung ein. Neben den leuchtend blauen Blüten, gibt es auch weiße und violette Formen.

Die Staude fühlt sich in feuchten Laubwäldern wohl und kann dort in größeren Beständen (Oberbayern) auftreten. Sie liebt kalkhaltigen Lehmboden. Die Pflanze ist teilweise geschützt! Die deutsche Bezeichnung »Leberblümchen« geht auf das Aussehen der Blätter zurück, die Ähnlichkeit mit dem Lappen einer Leber besitzen. Jedoch wurde die Pflanze auch früher in der »Kräutermedizin« gegen Leberleiden verwendet. Die Staude ist schwach giftig. Sie erreicht je nach Standort eine Höhe von 8–25 cm, die Blütezeit liegt von März bis Mai.

Lerchensporn (Corydalis solida)

Der *Gefingerte Lerchensporn* von dem hier die Rede ist, kommt nicht sehr häufig vor. Die Blüten, in endständigen Trauben angeordnet, kommen hauptsächlich in rot vor, mitunter aber auch in weiß oder violett. Die Blätter, dreizählig und eingeschnitten, sind sehr zart.

Laubwälder, Gebüsche, auch Waldränder gelten als Standort der Pflanze, die eher als selten einzustufen ist. Gelegentlich kommt sie in der Nachbarschaft mit Buschwindröschen vor. Es gibt auch Kulturformen. Die Höhe reicht von 15–30 cm, die Blütezeit liegt im April bis Mai, danach ziehen die Pflanzen besonders im Wald bald ein.

Maiglöckchen (Convallaria majalis)

Das Maiglöckchen dürfte wohl jedermann bekannt sein. In erster Linie ist es sein Duft und seine nickenden Blütenglöckchen, die es zu einer weit verbreiteten Lieblingsblume machten.

Die Pflanze ist giftig, besonders Blüte und Blatt, und wird in der Heilkunde verwendet. Wichtig ist hier zu erwähnen, daß die Gifte zum Teil wasserlöslich sind, d. h., daß sie auch im Vasenwasser vorhanden sind.

Das Maiglöckchen kommt in Laubwäldern, Mischwäldern oder an Waldrändern in oft großen Beständen vor. Es liebt lockeren, nicht zu kalten und nicht zu nahrhaften Boden. Die Pflanze wird 15–25 cm hoch, die Blütezeit liegt im Mai.

Niederliegendes Hartheu (Hypericum humifusum)

Das Niederliegende Johanniskraut wächst in feuchten Lagen, die leicht saure Bodeneigenschaften haben.

Die Pflanze besitzt eiförmig-längliche Blätter, die getüpfelt aussehen. Bei den Tüpfeln handelt es sich um Hohlräume in denen ätherisches Öl enthalten ist. Die gelben Blüten am Ende der Triebe treten aus den Blattachseln hervor, sie besitzen gebüschelte Staubblätter. Die Pflanze ist in lichten feuchten bis nassen Laubwäldern, aber auch auf unbebauten nassen Feldern und Wegen anzutreffen. Feuchte lehmige Böden sagen ihr zu, das Vorkommen deutet auf sauren Boden hin, zumindest in der obersten Schicht. Die Höhe liegt bei 5–15 cm, die Blütezeit liegt im Juni bis September.

Stauden-Feuerkraut (Epilobium angustifolium)

Dieses Nachtkerzengewächs besitzt lange schwach behaarte Stengel, die mit lanzettlichen Blättern besetzt sind. Die rosa bis roten Einzelblüten bilden eine lockere Traube. Die Blüten werden gern von Bienen und

Hummeln aufgesucht. Die Pflanze kommt in Laubwäldern, Mischwäldern, in Nadelforsten, aber auch auf Lichtungen, Rodungen und Waldrändern vor. Das zeigt, wie anpassungsfähig diese Staude ist. Ihr Vorkommen ist noch häufig. Sie liebt lockeren stickstoffhaltigen Boden. Sie erreicht die stattliche Höhe von 60–140 cm, Blütezeit Juli bis August.

Tüpfel-Hartheu (Hypericum perforatum)

Die unter »Johanniskraut« besser bekannte Pflanze bringt gelbe Einzelblüten, die eine Doldenrispe bilden. Die Blätter sind gegenständig am aufrechten Stengel angeordnet. Die Gattung hat sehr viele Arten, die zum Teil auch in Kultur sind. Die Pflanze kommt in Laubmischwäldern, Mischwäldern und Nadelforsten vor – hier besonders an lichten Stellen. Sie ist aber ebenso an Waldrändern zu finden und sogar auf nicht zu nahrhaften Wiesen. Das zeigt auch das häufige Vorkommen. Sie ist also für den Gehölzrand bestens geeignet. Der Name »Johanniskraut« deutet auf die Blütezeit hin (Johanni, Johannistag, 24. Juni). Das Johanniskraut gilt als Heilpflanze. Die Höhe reicht je nach Standort von 30–60 cm, die Blütezeit liegt von Juni bis Oktober.

Vielblütige Weißwurz (Polygonatum multiflorum)

Die Pflanze bildet einen Stengel der mit Blättern und Blüten besetzt ist. Die weißen hängenden, röhrenförmigen Blüten erscheinen einzeln oder in Trauben in den Blattachseln. Die Blätter sind eiförmig bis lanzettlich und wechselständig angeordnet. Die Pflanze ist häufig in Buchenwäldern, aber auch in Laubmischwäldern anzutreffen. Sie ist giftig und enthält dasselbe Gift wie das Maiglöckchen. Humusreicher, lehmiger Waldboden mit genügend Feuchtigkeit sagt der Pflanze zu.

Interessant ist, daß an dieser Staude neben zweigeschlechtlichen Blüten auch eingeschlechtliche vorkommen. Die Pflanze wird 30–60 cm hoch und blüht von Mai bis Juni.

Waldmeister (Galium odoratum)

Diese alte Heilpflanze, auch unter den botanischen Namen Asperuela odorata bekannt, bildet 6–8 quirlständige Blätter. Darüber stehen die weißen Blüten in langgestielten Trugdolden. Die Gattung tritt in Laubwäldern und Mischwäldern häufig auf. Sie liebt lockere nährstoffreiche Böden. Werden die Pflanzen gepflückt, duften sie stark. Die Pflanze wird 10–30 cm hoch und blüht von Mai bis Juni.

Zweiblättrige Schattenblume, Maitäubchen, (Maianthemum bifolium)

Die Schattenblume wird ihrem deutschen Namen gerecht, sie kommt nämlich mit wenig Licht aus.

Die Pflanze bringt kleine kurzgestielte Blütchen, in rispiger Traube angeordnet. Der Stengel ist unverzweigt und trägt meistens nur zwei Blätter, die wechselständig, fast waagrecht stehen. Die Pflanze zählt zu den Giftpflanzen. Sie ist eine typische Waldpflanze, die hauptsächlich in Laub- und Laubmischwäldern vorkommt. Ihr Standort ist eher an feuchten als an trockenen Stellen. Ihr Vorkommen deutet auf leicht sauren Boden hin (auch nur an der Oberfläche). In nahrhaften, stickstoffreichen Böden kommt es meistens nicht zur Blüte, dort findet man auch Pflanzen mit nur einem Blatt. Die Pflanze wird nur 5–15 cm hoch, die Blütezeit liegt im Mai.

Gehölze für die Biotoprandzone

Kleinere bis mittlere Gehölze können in ein Feuchtbiotop als Randbepflanzung durchaus mit einbezogen werden. Daß man keine bizarren, fremdländischen Koniferen pflanzt, dürfte wohl selbstverständlich sein. Man pflanzt Gehölze, die auch in der freien Natur an feuchten Niederungen oder Gewässern wachsen. Natürlich kann man auch das eine oder andere Gehölz, das in Kultur steht, d. h. durch züchterischen Einfluß entstanden ist, ohne weiteres einpflanzen.

An Gehölzen wären z. B. zu nennen:

Der im zeitigen Frühjahr (März) blühende *Seidelbast,* Daphne mezereum, er ist zwar giftig, blüht aber mit beginnendem Laubaustrieb rosa bis lilarot und verbreitet einen herrlichen Duft. Er liebt feuchte Lagen und wird etwa 100 cm hoch. In der freien Natur kann er auch höher werden wenn er von anderen Laubgehölzen eingerahmt ist.

Die *Zwergweide,* oder *Gebirgsweide,* Salix herbacea (wehrhahnii), wird höchstens 150 cm hoch und ist eine ideale Weide für kleinere Biotope. Sie bringt große Silberweiße Kätzchen im Frühjahr und ist mit die erste Bienenweide.

Eine äußerst niedrige Weide ist die *Kriechweide,* Salix repens, sie wird nur etwa 50 cm hoch.

Die *Zwergbirke,* Betula nana, wird nur 100 cm hoch (in Baumschulen erhältlich).

Der *Gemeine Schneeball,* Viburnum opulus, mit seinen rahmweißen Trugdolden paßt ebenfalls zum Biotop. Die hochroten Beeren, die bis zum Dezember hängen bleiben, machen das Gehölz auch im Frühwinter interessant. Die Wuchshöhe liegt bei etwa 200 cm (es gibt hiervon auch einige Sorten).

Die *Blaue Heckenkirsche,* Lonicera caerulea, eine formenreiche Art, ist weit verbreitet. Der aufrechte Wuchs von 100–200 cm ist günstig für eine Anpflanzung am Biotop. Das Gehölz bringt schon im April/Mai gelblichweiße trichterförmige Blüten. Die Pflanze verträgt sowohl sonnige als auch schattige Lagen und liebt feuchten Boden.

Schließlich sei als immergrüne Pflanze noch der *Rhododendron* erwähnt. Er liebt zwar feuchten Boden, aber keine stehende Nässe, also eine ideale Pflanze für die Randbepflanzung. Die immergrünen Arten besitzen glänzendgrüne Blätter. Die Blüten sind in Büscheln angeordnet. Es gibt sie in vielen Farben und Varianten. Rhododendren benötigen halbschattigen Standort und, was wenig bekannt ist, sie benötigen ihre eigene Art in unmittelbarer Nähe zum guten Gedeihen. Man sollte also immer mindestens zwei Pflanzen zusammenpflanzen. Rhododendren wachsen in jedem humosen Boden, der aber leicht sauer sein muß. Deshalb ist es notwendig bei der Pflanzung genügend Torf mit einzuarbeiten oder eine Spezialerde, die im Handel erhältlich ist, mit unterzumischen.

Wieviel Pflanzen kann man pflanzen?

Bei Neuanlage eines Biotops wird man immer geneigt sein, etwas enger zu pflanzen als normalerweise notwendig wäre. Man möchte dadurch möglichst eine schnelle Begrünung, d. h. der Anlage ein optimales Aussehen verleihen. Dagegen ist auch nichts einzuwenden, nur muß man dann beizeiten an das Auslichten denken. Wasserpflanzen lassen sich grundsätzlich nicht in ein exaktes Abstandsmaß setzen wie z. B. Tagetes oder Sommerastern. Bei Sommerblumen kann man die genaue Wuchshöhe und Ausbreitung voraussagen, bei Sumpf- und Wasserpflanzen und erst recht bei Unterwasserpflanzen ist das schon schwieriger. Sie sind nicht nur vom Boden sondern meistens weit mehr oder überhaupt nur vom Wasser abhängig.

Bei *Unterwasserpflanzen* rechnet man für eine Neupflanzung 4–5 Stück pro m^2. Hier sollte man nicht mehr pflanzen, da sich Unterwasserpflanzen sehr schnell ausbreiten.

Schwimmblattpflanzen lassen sich schlecht in Stückzahlen angeben. Die heimische *Seerose,* Nymphaea alba, nimmt im zweiten Standjahr mit ihren Blattwerk eine Fläche von 1,5 m^2 und mehr an der Wasseroberfläche ein. Kleine Arten und Sorten wie z. B. Nymphaea minima, benötigen 0,25–0,75 m^2 Wasserfläche pro Pflanze.

Bei Sumpfpflanzen richtet sich die Anzahl der Pflanzen nach der jeweiligen zu erwartenden Höhe. So kann man in etwa pro m^2 pflanzen

Pflanzen mit einer Höhe von 100 cm und mehr: 2–3 Stück;
Pflanzen mit einer Höhe von 50 cm: 4–8 Stück;
Pflanzen mit einer Höhe von 10–30 cm: 15–20 Stück.

Ausläuferbildende Pflanzen wachsen schneller zusammen als normalwachsende stockbildende.

Pflanzt man Sumpf- und Wasserpflanzen in Gefäße (Blumentöpfe, Körbe, Container), kann man diese durch Unterlegen von umgestülpten Tonblumentöpfen oder Ziegelsteinen auf die erforderliche Wasserhöhe bringen. Solche Pflanzen hat man gut unter Kontrolle. Sie wachsen mit der Zeit zwar auch ins Umfeld– wenn sie ausläuferbildend sind, um außerhalb der Gefäße Fuß zu fassen – doch lassen sich die Gefäße leicht aus dem Wasser nehmen, so daß man die Ausläufer leichter abschneiden kann. Bei in Gefäßen gepflanzten Stauden läßt sich eine entsprechende Stückzahl pro m^2 exakter einhalten.

Die generelle Anzahl der Pflanzen im Feuchtgebiet läßt sich nicht in Zahlen ausdrücken. Man pflanzt hier nie eine Gattung alleine, sondern meistens Pflanzen von verschiedener Größe und Ausbreitungsdrang.

Kleinere Pflanzen wie *Sumpfprimel,* Primula rosea, pflanzt man z. B. in kleinen Gruppen von 3–5 Stück zusammen, bei größeren Flächen 3–10 Stück. Dazu kann man z. B. die *Sumpfdotterblume,* Caltha palustris, pflanzen, diese wird ebenfalls in Gruppen von 3 Stück zusammengesetzt. Dagegen pflanzt man bei der Gattung *Greiskraut,* Ligularia 2–3 Stück auf den m^2. Viele Pflanzen auf engstem Raum sehen zwar im Moment der Pflanzung flächenfüllend aus, doch bald stehen sie zu eng und bedrängen sich gegenseitig.

Pflanzfehler bei Stauden lassen sich immer rückgängig machen, es handelt sich ja hierbei um langlebige Pflanzen, die im Herbst oder Frühjahr umgepflanzt werden können.

Wasserpflanzenkataloge weisen zwar auf die Wassertiefe hin, doch leider fehlt meistens ein Hinweis auf die benötigte Anzahl der Pflanzen pro m^2. Das trifft auch für andere Pflanzen zu.

ALGEN

In frisch angelegten Biotopen, die stehendes Wasser besitzen, kommt es sehr häufig zur Algenbildung. Man spricht dann von einer *Wasserblüte.* Je nährstoffreicher das Wasser, desto stärker tritt Algenbildung auf.

Es wäre falsch bei Auftreten der *Wasserblüte* das Wasser abzupumpen oder abzuschöpfen.

Am Anfang sind es die *Blaualgen,* Cyanophyeen, die zu schaffen machen. Hiervon gibt es wieder eine Reihe von Formen. Sie wachsen schnell und können in kurzer Zeit eine gallertartige Schwimmschicht bilden. Sie siedeln sich häufig um oder an Wasserpflanzen an. Warmes Wetter fördert Algenbildung; faßt man bei Sonnenschein die Schwimmschicht an, fühlt sie sich richtig warm an. Auch der Teich- oder Wasserfrosch sitzt gerne darauf und hält Ausschau nach jagdbaren Kerbtieren. In kleineren Biotopen lassen sich Algen leicht von Hand entfernen. Bei größeren Wasseranlagen ist es ohne Hilfsmittel (Rechen, feinmaschiges Netz) nicht möglich. Die entfernten Algen sollten man auf den Kompost bringen. Häufig holt man beim Vorkommen von Molchen mit den Algen auch Jungmolche, aus dem Wasser. Ebenfalls Larven von Libellen, Wasserschnecken, Froschlaich und anderen Larven. Man sollte deshalb die Algen in einem Eimer sammeln und dann auf dem Kompost auseinanderziehen. Findet man die vorgenannten Arten, bringt man sie wieder ins Wasser.

Nach den *Blaualgen* erscheinen meistens die *Grünalgen,* Chlorophyeen, sie treten ebenfalls in verschiedenen Formen auf. *Grünalgen* sind im Gegensatz zu den *Blaualgen* für die Wasserpflanzen nicht gefährlich. Sie schwimmen ebenfalls häufig an der Wasseroberfläche, sind aber auch untergetaucht. Zieht man sie heraus, sind es oft meterlange Fäden (Fadenalgen). *Grünalgen* deuten an und für sich auf gute Wasserverhältnisse hin, doch können sie auch überhand nehmen. In kleineren Biotopen entfernt man sie von Zeit zu Zeit mit der Hand, da ihr Vorhandensein eben unschön aussieht. Auf der anderen Seite wird es einem Biotopfreund nicht stören, wenn sich hie und da ein paar Grünalgen zeigen bzw. angesiedelt haben.

Es gibt auch Formen von Algen, die sich an Unterwassergefäßen oder auch an Pflanzen ansiedeln, die zum Teil oder ganz unter Wasser stehen, meistens nehmen sie aber nicht überhand. Kaulquappen (Froschlarven) ernähren sich ebenfalls von Algen.

Die einschlägige Industrie bietet sogenannte Algenwuchshemmer an. Diese Wuchshemmer sollen sogar die Blaualgen fernhalten. Der Verfasser dieser Ausführungen hat dieses Mittel nicht getestet, da sie in ein natürliches Biotop nicht hineingehören. Ein natürliches Biotop hilft sich selbst, wenn das Verhältnis Wasser, Tier und Pflanze stimmt. Gelegentliches Eingreifen von Hand soll nur helfen, der einen oder anderen Pflanze das Wachstum zu erleichtern.

Algen bilden sich im Laufe einer Vegetationsperiode oft mehrmals stärker aus, zumal auch die Wasserverhältnisse nicht immer gleich bleiben (pH-Wert, Wärme, Sauerstoff) und gehen auch wieder von alleine zurück, ohne daß man groß eingreifen muß. Wiederholte Algenbildung ist kein Grund dafür, das Biotop vielleicht umzukrempeln. Algen bilden auch Unterschlupf für viele Kleintiere und Larven, diese wiederum dienen größeren Wasserbewohnern wieder als Nahrungsquelle.

Wassertiere

Wie schon erwähnt sind für ein ausgeglichenes Biotopleben auch Wassertiere erforderlich. Es gibt eine Reihe von Tieren und Insekten, die sich von ganz alleine einfinden, und solche, die man einsetzen muß (Fische). Doch kann man bei einer Neuanlage nicht gleich erwarten, daß sich sofort reges Leben entwickelt, auch Wassertiere benötigen eine gewisse Zeit, um sich anzusiedeln. Möchte man z. B. Fische einsetzen, so sollte man etwa 6 Wochen damit warten. Wassertiere benötigen einen geeigneten Lebensraum, der soweit wie möglich den natürlichen Verhältnissen in der freien Natur angepaßt sein sollte. In einem sterilen Wasserteich werden sich nur wenige Tiere und Insekten einfinden, bestimmte Arten überhaupt nicht.

Geschützte Tiere dürfen aber nicht in der freien Natur eingefangen und in ein Gartenbiotop eingesetzt werden. In den einzelnen Bundesländern gibt es sehr strenge Naturschutzgesetze, die bestimmte wildwachsende Pflanzen und wildlebende Tiere sowie deren Lebensräume schützen sollen. Ein Verstoß wird wird mit empfindlichen Geldbußen geahndet. Man sollte sich deshalb genau erkundigen (Naturschutzbehörden, Forstbetriebe, Naturschutzverbände, bzw. deren Mitglieder), welche Gattungen und Arten besonders geschützt sind.

Hat man einen tieferen Wasserteil angelegt, können einige Fische eingesetzt werden. Jedoch sollte auch hier noch einmal erwähnt werden, daß ein Fischteich nicht gleichzeitig ein Lebensraum für Molche und Frösche sein kann. Das mag in der freien Natur bei größeren Gewässern möglich sein, im Gartenbiotop jedoch muß man eine Trennung machen. Bei der Fischbesetzung kommt es natürlich auf die Größe und Tiefe des Wasserteils an. Eine Überbesetzung führt meistens zu Verhaltensstörungen der Fische. Auf 100 Liter Wasser sollten nicht mehr als 1–2 Fische eingesetzt werden, aber auch hier kommt es natürlich auf die Größe der Fische an. Da sich Fische bei günstigen Bedingungen auch vermehren, wird man nicht umhin kommen, von Zeit zu Zeit ein paar Exemplare wegzufangen. Sicher hat man Gelegenheit sie in ein größeres geeignetes Gewässer umzusetzen. Stehendes Wasser ist besonders bei länger anhaltendem warmen Wetter mehr oder weniger sauerstoffarm, so daß man dies bei der Besetzung berücksichtigen muß. Man greift deshalb auf Fische zurück, die mit sauerstoffärmeren Wasser auskommen.

Ein weiterer Gesichtspunkt ist natürlich die Wassertiefe. Eine Tiefe von etwa 50 cm reicht meistens nicht aus, um Fische problemlos überwintern zu lassen. Obwohl der Dreistachlige Stichling in der freien Natur in geringeren Wassertiefen den Winter übersteht. Um ganz sicher zu gehen, daß Fische keinen Schaden nehmen, sollte man einen tiefen Wasserteil von etwa 80 cm einrichten.

Ein Loch ins Eis zu schlagen, wie es im Kapitel »Seerosen« beschrieben wurde, ist jedoch bei Fischbesatz nicht angebracht, denn ihr Lebensrhythmus wird dadurch erheblich gestört. Man kann aber vor Beginn des Zufrierens ein Stroh- oder Schilfbündel ins Wasser stellen oder hängen, das aber genügend tief ins Wasser ragen muß. Dadurch kann eine Sauerstoffzufuhr hergestellt werden, obwohl diese Maßnahme bei starken und andauernden Frösten nicht immer wirkungsvoll ist. Aus dem gleichen Grund sollte man die abgestorbenen Pflanzenstengel im Herbst nicht abschneiden, sondern über den Winter stehen lassen (s. Winterruhe).

Um mehr Einzelheiten über Fische zu erfahren, sollte man in einschlägiger Literatur nachschlagen.

Nachfolgend ein paar einheimische Fischarten mit denen man sich anfreunden kann:

FISCHE

Der Bitterling

Der Bitterling, Rhodeus amarus, war früher in Mittel- und Osteuropa weit verbreitet. Heute jedoch ist der flinke kleine Fisch aus den Nebenarmen der Flüsse, den sogenannten Altarmen, fast verschwunden. Ein Grund mehr diesen kleinen »Minikarpfen« in ein Gartenbiotop zu nehmen, da er auch für kleine Wasserstellen geeignet ist. Er ist anspruchslos und wird bis zu 10 cm lang. Was ihn auszeichnet: Er ist ein guter Mückenlarvenjäger. Ja, er ist sogar ein Garant dafür, daß sich keine Mückenlarven im Wasserteil des Biotops ansiedeln können. Zeitweilige Wassertemperaturen von 25°C verträgt er ebenso wie den Winter, wenn das Wasser längere Zeit zugefroren ist. Schon im zeitigen Frühjahr wird er bei günstigem Wetter sehr schnell lebendig und fängt an zu springen (kleine Sprünge über die Wasseroberfläche), hierbei wird die silbrigglänzende Bauchseite deutlich sichtbar.

In der Laichzeit bekommt das Männchen eine orangegelb schillernde Unterseite. Auf beiden Seiten entlang des Körpers wird deutlich ein bläulicher, intensiv gefärbter Streifen sichtbar. Die Rückenflossen färben sich rötlich, es ist das Hochzeitskleid des Männchens. Das geschlechtsreife Weibchen bildet eine Legeröhre. Nun darf man sich darunter nicht eine starre Röhre vorstellen, sondern ein weiches dünnes wie ein Faden aussehendes Gebilde. Mit Hilfe dieser Röhre legt das Weibchen die Eier in die Öffnung der Teich- oder Malermuschel. Hier kommen auch die Jungen zur Welt, die Muscheln tragen sie gewissermaßen aus. Hier ist der Laich auch vor Räubern geschützt und wird ständig vom Wasser umspült.

Nach dem Schlüpfen ernähren sich die Jungen vom Dottervorrat bis sie die Muschel verlassen. Möchte man Nachwuchs beim Bitterling erzielen, ist also immer eine Teich- oder Malermuschel erforderlich.

Während der Laichzeit hält sich das Männchen meistens direkt über der Muschel auf und wartet bis das Weibchen mit ihrer Legeröhre die Eier in die Muschel bringt. Das Männchen läßt dann den Samen ab, dieser gelangt durch das Atemwasser der Muschel zu den Eiern. Es ist interessant zu beobachten wie das stärkste Männchen diesen Platz behauptet und weniger starke (junge) Männchen vertreibt. Dagegen läßt es Weibchen ungehindert über der Muschel schwimmen. Man kann diesen Vorgang gut beobachten, wenn man eine Muschel an einer weniger tiefen Stelle des Wassers anbringt oder wenn man ein Brett über den Wasserteil legt und dieses als Beobachtungsplatz benutzt. Der ansonsten eher scheue Fisch läßt sich dabei im Brutgeschäft nicht stören. Da der Rücken des Bitterlings eine dunkle Farbe besitzt (grau bis grünlichgrau), ist er von oben nur schlecht zu sehen, nur bei plötzlichen Wendungen blitzt für kurze Zeit die helle Bauchseite auf. Trotz dieser Tarnfarbe (von oben gesehen) hat man sehr viel Freude an diesen kleinen flinken Fischen.

Der Dreistachelige Stichling

Dieser, bis 9 cm lang werdende Fisch, Gasterosteus aculeatus, betreibt eine sehr eigenartige Brutpflege. Die Männchen zeigen sich im Frühjahr wie die Bitterlinge in ihrem Hochzeitskleid. Das Auffallendste ist wohl die leuchtendrötliche Bauchseite. Die Männchen sondern sich im Frühjahr von den häufig in Schwärmen auftretenden Fischen ab und suchen sich ein eigenes Revier aus, und zwar jedes Männchen für sich, und fangen an, ein regelrechtes Nest zu bauen. Dazu verwenden sie Wasserpflanzenteile, die sie kunstvoll zusammenfügen und verkleben. Das Nest ist meistens an einer versteckten Stelle, so daß man es nicht so leicht ausmachen kann. Es besitzt einen seitlichen Eingang und ist etwa so groß wie ein Gänseei, mitunter auch noch größer. Das Weibchen legt dann die Eier in das gemachte Nest. Zuvor wird es jedoch durch eine Art Hochzeitstanz oder Balztanz, den das Männchen aufführt, zum Nest gelockt. Nach der Eiablage durch das Weibchen besamt das Männchen die Eier.

In der Zeit während des Nestbaues ist das Männchen sehr aggressiv gegen jeden auftauchenden Nebenbuhler, ja sogar gegen andere Fischarten. Nähert sich ein anderes Männchen seinem Revier, bedroht er es, indem er das Maul weit aufreißt und seine drei Rückenstacheln (deshalb der Name) aufstellt. Das Männchen hat es aber meistens mit mehreren Weibchen zu tun, d. h. mehrere Weibchen legen ihre Eier in dasselbe Nest. Auch nach der Eiablage bewacht das Männchen ständig das Nest bis die Jungen geschlüpft sind, aber auch dann noch bleibt es in der Nähe der Jungen.

Es ist eine hochinteressante Fischart, deren Tun man stundenlang beobachten kann. Es ist eine in Europa ziemlich verbreitete Fischart, die auch noch in kleinen Wassergräben oder Tümpeln vorkommt. Auch der Stichling ist ein ausgezeichneter Mückenlarvenjäger.

Als weiterer anspruchsloser Fisch ist das 8–10 cm lang werdende *Moderlieschen,* Leucaspius delineatus, zu empfehlen. Es zeigt sich oft an der Wasseroberfläche und es macht Spaß diesen Fischen zuzusehen. Diese Fischart ist auch für kleinere Gewässer geeignet.

Schließlich sei noch die *Große Elritze,* Phoxinus phoxinus, erwähnt, die bis 12 cm lang wird. Doch möchte dieser Fisch stets klares, möglichst fließendes Wasser. Es muß sauerstoffreich und nicht zu warm sein.

Auf fremdländische Fische sollte hier nicht eingegangen werden, da man in einem Biotop mit tiefen Wasserteil nicht nur heimische Sumpf- und Wasserpflanzen, sondern auch heimische Bewohner ansiedeln sollte.

MOLCHE, SCHWANZLURCHE

Molche,und hier in erster Linie der *Teichmolch,* Triturus vulgaris, sind oftmals ohne unser Zutun plötzlich da, besonders wenn ein anderes Gewässer in der Nähe ist.

Der *Teichmolch* wird bis zu 10 cm lang und ist sehr verbreitet. Das kommt auch von seiner Anspruchslosigkeit her, denn er ist mit der kleinsten Wasseransammlung zufrieden.

Die Laichzeit beginnt etwa ab April, zu dieser Zeit bekommt das Männchen einen welligen Rückenkamm, der sich fast bis zum Schwanzende fortsetzt. Auch bekommt es kräftige Farben, die Bauchseite wird orangefarbig.

Das Weibchen bildet keinen Kamm, die Farbe ist hellbraun, lehmfarbig, wobei gesagt werden muß, daß auch Abweichungen vorkommen. Das Weibchen legt jedes Ei einzeln an Wasserpflanzen ab. Zuvor kommt es zur Befruchtung, wobei das Männchen den Samen in das Wasser läßt und das Weibchen mit den Kloakenlippen diesen aufnimmt. Diesem Tun geht, wie bei manchen Fischgattungen auch, eine Art Balztanz voraus.

Posthornschnecke

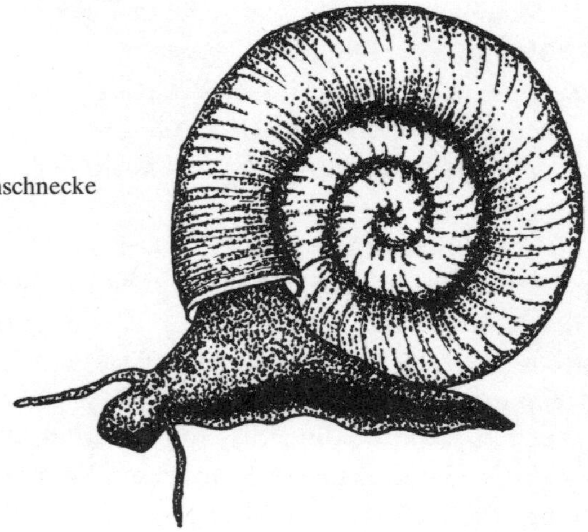

Ohrschlammschnecke

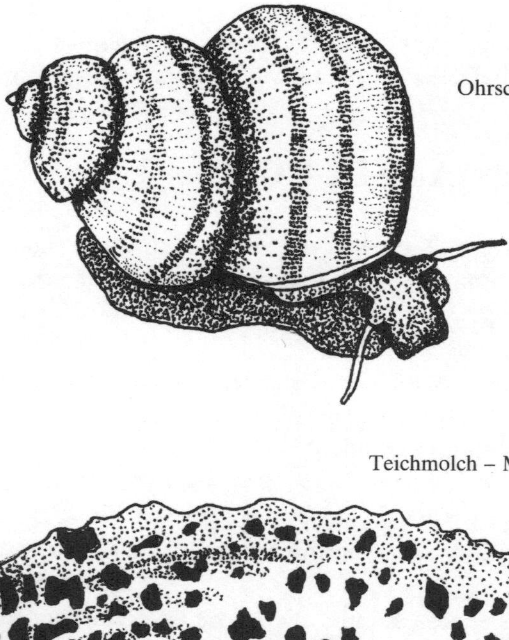

Teichmolch – Männchen im Hochzeitskleid

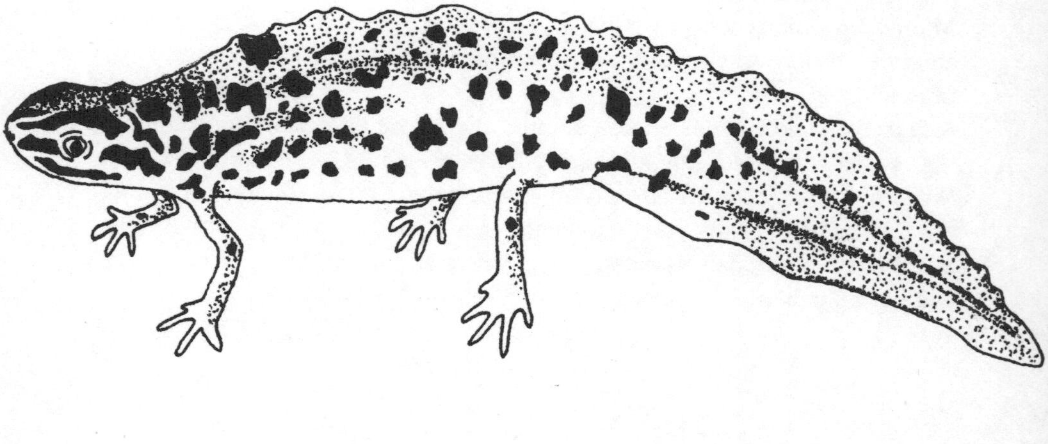

Vom Schlüpfen bis zum fertigen Teichmolch vergehen etwa drei bis vier Monate. Die jungen Teichmolche verlassen das Wasser und gehen ins Umland. Sie werden nun Landtiere und kehren erst wieder ins Wasser zurück, wenn sie fortpflanzungsfähig sind (etwa 2 Jahre). Erwachsene Molche verlassen das Wasser etwas früher als Jungmolche. Beim Männchen bildet sich der Kamm und der ausgeprägte Schwanzsaum zurück. Auf dem Lande verbergen sie sich tagsüber unter Laub oder in Erdlöchern und gehen nachts auf Jagd. Schnecken, Insekten und Würmer sind ihre Nahrung.

Über Winter suchen sie sich frostgeschützte Schlupfwinkel aus und zehren von ihrer Substanz. Jedoch im Frühjahr tauchen sie – am Anfang sehr träge – im Wasser wieder auf. In milden Wintern sind sie schon im März im Wasser anzutreffen. Man sieht sie dann, wenn sie an die Wasseroberfläche kommen. Sie müssen nämlich von Zeit zu Zeit auftauchen, um Luft zu holen, dabei hinterlassen sie an der Wasseroberfläche ein kleines Luftbläschen. Mit zunehmender Wassererwärmung werden sie lebendiger und das Liebesspiel beginnt von neuem.

Erwachsene Molche sollte man in der freien Natur nicht fangen und ins Biotop setzen. Abgesehen davon, daß es verboten ist, sind erwachsene Molche bald verschwunden, da sie wie andere Wassertiere auch, immer in das Gewässer zurückkehren, in dem sie geboren sind. Anders ist es mit noch nicht ganz entwickelten Molchen, diese finden sich nach ihrer Geschlechtsreife wieder in diesem Wasser ein, in dem sie groß geworden sind. Leider werden viele Molche Opfer von Raubtieren oder indirekt durch Schädlingsbekämpfungsmittel.

Zu den größten einheimischen Wassermolchen zählt der *Kammolch,* Triturus cristatus. Das Weibchen wird etwa 14 cm lang, das Männchen bleibt einen Zentimeter darunter. Die Lebensweise entspricht der des Teichmolchs.

Der *Bergmolch,* Triturus alpestris, ist in Mitteleuropa zu Hause. In den Alpenländern kommt er sogar noch bis in 3000 m Höhe vor. Es gibt mehrere Hochgebirgsarten, doch kommen sie für ein Gartenbiotop nicht in Frage.

Schließlich sei noch der *Fadenmolch,* Triturus helveticus, erwähnt. Fadenmolch deshalb, weil sich im Frühjahr am Schwanzende ein Faden bildet, der etwa ½ cm lang ist. Das Liebesspiel ist ähnlich wie beim Teichmolch. Der Fadenmolch kommt seltener vor als die anderen Arten.

Entfernt man im Sommer Algen (Algenwatte), kann es vorkommen, daß sich in dieser »Watte« junge Molche aufhalten. Junge Molche sind noch recht unbeholfen und können nicht so schnell flüchten, man sollte deshalb die Algenwatte untersuchen bevor man sie auf den Komposthaufen wirft. Das gleiche gilt natürlich für Unterwasserpflanzen, falls man sie entfernt. Junge Molche halten sich bevorzugt unter der Algenwatte oder im Gestrüpp von Unterwasserpflanzen auf, hier können Sie sich vor eventuellen Feinden besser verstecken.

FRÖSCHE

Frösche finden sich im Frühjahr oft von ganz alleine am Wasser ein, besonders wenn in der Nähe ein größeres Gewässer liegt, aber auch, wenn man ihnen einen angestammten Stammplatz weggenommen hat, z. B. durch Zuschütten eines Wassergrabens oder eines Tümpels. Man sollte sich hüten, Frösche irgendwo einzufangen, um sie im Gartenbiotop auszusetzen. Solche Tiere wandern früher oder später wieder ab und laufen Gefahr, daß sie umkommen. Sie sind dann nämlich »heimatlos« geworden und irren umher. Man sollte lieber versuchen im Frühjahr Kaulquappen zu bekommen, vielleicht fragt man bei einem Teichbesitzer nach. Denn aus Kaulquappen werden ja bekanntlich Frösche und Frösche sehen den Ort ihrer Umwandlung von der Kaulquappe zum Frosch als ihren Geburtsort an und kehren immer wieder an diesen Ort zurück, sofern sie nicht ständig dableiben (Wasserfrosch).

Der *Wasser- oder Teichfrosch,* Rana esculenta, lebt am Wasser und entfernt sich besonders am Tage kaum von diesem Standort. Bei Gefahr vollzieht er einen kräftigen Sprung ins Wasser. Er taucht aber bald wieder auf, spätestens nach 6–8 Minuten. Sein Auftauchen geht aber so behutsam vor sich, daß man es meistens nicht bemerkt, da er häufig im Schutze von Wasser- und Schwimmpflanzen seinen Kopf über die Wasseroberfläche schiebt. Es dauert dann eine Zeitlang bevor er sich wieder ein Plätzchen am Ufer such. Dort sitzt er dann regungslos und hält Ausschau nach Freßbarem. Gerne sitzt er auch auf den Schwimmblättern von Seerosen. Anders ist es in der Laich- bzw. Paarungszeit, da geht es sehr lebendig zu. Wasserfrösche fressen Insekten aller Art, Würmer und Schnecken. Voraussetzung ist allerdings, daß sich das Getier bewegt, denn sonst nimmt er es nicht wahr. Kurz gesagt, er stürzt sich auf alles was sich bewegt und macht mitunter sogar vor Jungfröschen nicht halt. Wirft man ihm ein totes Insekt hin, reagiert er nicht darauf. Anders ist es mit einem Wurm, der noch kräftig zappelt, hier reagiert er sofort und springt darauf los, häufig mehrere auf einmal. Der *Wasser- oder Teichfrosch* ist eine Froschart, die sich in einem Feuchtgebiet mit genügend Wasser durchaus wohlfühlt und sich dort auch vermehrt. Das Aussehen des Teichfrosches ist grasgrün mit dunklen Flecken, es gibt auch bräunliche Varianten. Die Unterseite ist weißlich gefärbt. Im Herbst verlieren sie etwas die Farbe, bevor sie im Oktober ganz verschwinden und ihr Winterquartier aufsuchen. Ältere Frösche verkriechen sich früher als Jungtiere. Das Aufsuchen des Winterquartieres entspricht aber nicht dem Winterschlaf, wie dies andere Tiere tun. Bei mildem sonnigen Wetter kann man den einen oder anderen Jungfrosch sogar noch im Dezember am Teichrand sehen. Bei zunehmender Kälte ziehen sie sich jedoch immer tiefer zurück und verkriechen sich im Schlamm.

Im Frühjahr, häufig schon im März, tauchen sie wieder auf. Für den Biotopfreund ist es immer wieder ein Erlebnis, wenn der erste Frosch wieder auftaucht und sich von der Sonne bescheinen läßt. Bei trübem Wetter bleiben sie im Wasser und strecken nur den Kopf heraus. Mit zunehmender Erwärmung im April/Mai findet die Paarung und Eiablage statt. Während dieser Zeit hört man häufig den Ruf des Männchens. Es besitzt sogenannte Schallblasen, die weiß sind und beim Rufen links und rechts hinter den Maulwinkeln hervortreten. Die Männchen sind von Natur aus etwas kleiner als die Weibchen. Doch sind sie die absoluten Herrscher in ihrem Revier, zumindestens unter den Artgenossen. Ansonsten springen sie aber schon bei Annäherung eines Menschen oder Tieres mit einem Sprung ins Wasser. Nähert man sich dagegen sehr behutsam ohne schnelle Bewegungen, bleiben sie ziemlich lange sitzen bevor sie die Gefahr erkennen. Außerdem besitzen sie eine gewissen Neugierde, sofern man das bei Fröschen so sagen kann. Wenn sich irgend etwas bewegt in ihrem näheren Umfeld, kommen sie langsam herangeschwommen, wahrscheinlich vermuten sie ein Beutetier. Man kann sie regelrecht füttern, wenn man ihnen lebende Insekten oder Würmer hinwirft, nur darf man sie nicht erschrecken. Wie schon erwähnt sitzen sie gerne auf Seerosenblättern oder anderen Schwimmpflanzen und lauern auf Beute. Sie machen auch vor Bienen nicht halt, die Blüten anfliegen oder ans Wasser kommen, um zu trinken.

Der Teichfrosch ist ein idealer Bewohner eines Gartenbiotops. Wenn auch das Quaken manche Leute stört, sollte man ihn trotzdem ansiedeln, vorausgesetzt, daß das Biotop groß genug ist. Es muß ja nicht gleich ein ganzes Volk sein. Vielleicht hört man in ein paar Jahren das Quaken nicht mehr, da der Teichfrosch aus vielen Gewässern, in denen er früher lebte, inzwischen verschwunden ist.

Andere heimische Froscharten lassen sich nicht ansiedeln. Der *See-*

frosch, Rana ridibunda, ähnelt in seiner Lebensweise dem Teichfrosch. Er ist jedoch viel größer als dieser. Von Natur aus ist er in den Mittelmeerländern beheimatet (bei mir tauchte jedoch im Frühsommer ein Exemplar am Biotop auf).

Der *Grasfrosch,* Rana temporaria, kommt nur zur Paarung und zum Ablaichen ans Wasser, das oft sehr früh, bei günstigem Wetter im Februar/März, der Fall ist. Danach verläßt er wieder das Wasser und lebt auf dem Lande. Man trifft ihn dann in Parkanlagen und Wiesen, oft weitab von Gewässern; er geht nachts auf Jagd. Es gibt rötlich-, gelblich- und dunkelbraune Varianten. Über Winter (ab Oktober) sucht er wieder Gewässer auf, um auf deren Grund im Schlamm zu überwintern.

Schließlich sei noch der *Springfrosch,* Rana dalmatina, erwähnt. Er ist der absolute Weitspringer unter den heimischen Fröschen, er kann nämlich bis zu 2 m weit springen. Auch von dieser Art gibt es farbliche Varianten von rötlich- bis schokoladenbraun. Ein Kennzeichen ist ein fast schwarzer Fleck hinter dem Auge. Die Paarung findet im Wasser statt. Man findet ihn später ebenfalls oft weitab von Gewässern. Er geht auch tagsüber auf Jagd, ganz besonders bei trüben feuchtem Wetter.

KRÖTEN

Die drei heimischen Krötenarten nämlich die *Erdkröte,* Bufo bufo, die *Wechselkröte,* Bufo viridis und die *Kreuzkröte,* Bufo calamita, kommen nur zum Ablaichen ans Wasser. Sie nehmen oft weite Wege auf sich, um das Gewässer zu erreichen, in dem sie geboren wurden. Die bekannteste Art, die *Erdkröte,* wird gern im Garten gesehen, da sie ein ganz vortrefflicher Schadinsektenvertilger ist, nicht zuletzt frißt sie mit Vorliebe Schnekken. Kröten sind kurzbeinig mit Warzen bedeckt und sehen gegenüber dem Frosch eher plump aus. Sie gehen nachts auf Jagd. Tagsüber verstekken sie sich in Erdlöchern (Erdkröte), Steinhaufen, Reisighaufen oder Brettern.

Unken, Bombina, sind im Gegensatz zu Kröten Wasserbewohner. Zu den heimischen Unken gehören die *Rot-* und *Gelbbauchunke.* Sie sind besonders an der roten bzw. gelben Bauchseite zu erkennen, beide Arten sind geschützt. Sie sind, wie schon erwähnt, Wasserbewohner, verbringen aber den Winter auf dem Lande. Die Paarungszeit beginnt etwa im April und dauert den Sommer über an. Wenn man mit offenen Augen durch

Wald und Flur wandert, kann man oft die Larven (Kaulquappen) oder Jungunken in kleinsten Wasseransammlungen (Pfützen) antreffen. Sie sind jedoch sehr scheu und verschwinden bei Annäherung sofort im Schlamm. Auch Unken sind wertvolle Vertilger von Schnecken und anderen Kleintieren. Jeder Gartenliebhaber kann sich glücklich schätzen, wenn sich Unken im Gartenbiotop angesiedelt haben.

MUSCHELN

Muscheln ernähren sich von organischen Bestandteilen, die im Wasser herumschwimmen. Die Nahrungsaufnahme findet durch Filterung des Wassers statt, die sogar einen Reinigungseffekt auf das Biotop hat. Jedoch darf man diesen Effekt nicht überbewerten, es müßte nämlich eine große Anzahl Muscheln im Biotop vorhanden sein, um eine spürbare Wasserverunreinigung zu erwirken. Das würde wiederum das Gleichgewicht eines Biotops stören, da Muscheln viel Sauerstoff benötigen, d. h. sie würden dem Wasser viel Sauerstoff entziehen. Ein Biotop sollte man mit nur wenigen Exemplaren besetzen.

Die *Teichmuschel,* Anodonta, zählt zu den heimischen Arten. Sie kommt nur in ruhigen Gewässern vor; also eine Muschel für das Biotop. In Europa gibt es mehrere Anodonta-Arten, die eine Länge zwischen 10 und 25 cm aufweisen.

Die *Flußmuschel,* Unio, ist ebenfalls eine heimische Muschel, die in Bächen und Teichen zu Hause ist.

Wohl die bekannteste Muschel dieser Gattung ist die *Malermuschel,* Uni pictorum. Ihren Namen hat sie übrigens ihrer Schalenform zu verdanken. Die Schalen wurden früher zum Anrühren von Wasserfarben verwendet. Sie ist zwar bevorzugt in Bächen und Flüssen zu finden, also in fließenden Gewässern, doch kann sie auch in einem Biotop leben. Die *Teichmuschel* wird man dagegen in fließenden Gewässern kaum finden.

Beide Arten benutzen mehr oder weniger verschiedene Fischarten zur Fortpflanzung. Die Larven entwickeln sich in den Kiemen der Fische, d. h. sie führen eine Art Parasitendasein.

WASSERSCHNECKEN

Wasserschnecken stellen sich oft von selbst im Biotop ein. Meistens werden sie durch Schneckenlaich, der sich an Wasserpflanzen, die man ins Biotop pflanzt, befindet, mit eingeschleppt.

Gegen Wasserschnecken ist nichts einzuwenden, vorausgesetzt, es sind die richtigen Arten.

Als empfehlenswert für das Gartenbiotop ist die *Posthornschnecke,* Planorbis corneus, die zu den *Tellerschnecken* zählt. Sie besitzt wie ein Posthorn aussehende Schalen. Es gibt hiervon mehrere Arten. In pflanzenreichen, nicht fließenden Gewässern fühlt sie sich wohl.

Die *Ohrschlammschnecke,* Lymnaea auricularia, ist sehr anpassungsfähig. Sie fühlt sich sowohl im seichten, als auch im tieferen Wasser wohl. Man findet sie in fließenden und stehenden Gewässern. Durch ihre Vielseitigkeit hat ihr Gehäuse häufig verschiedenartiges Aussehen.

Die *Sumpfdeckelschnecke,* Viviparus viviparus, ist die größte heimische Süßwasserschnecke. Das Gehäuse ist kreiselförmig. Auf der Oberseite des Gehäuses befindet sich die Mündung, die mit einem Deckel verschlossen werden kann, deshalb auch der Name *Sumpfdeckelschnecke.* Es gibt bei dieser Gattung männliche und weibliche Tiere, die weiblichen gebären ausgebildete Junge. Die Jungschnecken sind nach ihrer Geburt sofort auf sich selbst angewiesen. Das Leben der Sumpfdeckelschnecken findet hauptsächlich am Grunde der Gewässer statt.

Die vorgenannten Schneckenarten ernähren sich nur von verrotteten Pflanzenteilen, also organischen Stoffen. Es ist deshalb nicht zu befürchten, daß sie an gesunden Pflanzen Schaden anrichten. Diese drei Schnekkenarten können für ein Gartenbiotop empfohlen werden.

KLEINE WASSERTIERE

Was wäre ein Biotop ohne die Vielzahl der kleinen Wassertiere. Die meisten dieser Tierchen stellen sich von selbst ein, da Wasser eine Anziehungskraft auf sie ausübt. Wer die Natur genau beobachtet, wird feststellen, daß in jeder Wasseransammlung ein reges Leben herrscht. Diese Kleintiere, sofern man hier überhaupt von Tieren sprechen kann, gehören ganz einfach zu einem Gewässer in dem das biologische Gleichgewicht herrscht, ja sie tragen wesentlich dazu bei. Unter ihnen gibt es aber auch Räuber wie z. B. die Wasserkäfer. Sie garantieren aber auch wieder, daß die Zahl anderer Insekten oder kleiner Wassertiere nicht überhand nehmen kann.

Am bekanntesten und meistens diejenigen, die sich zuerst auf dem Wasser einfinden, sind die *Wasserläufer,* Gerria. Sie sind in unseren Breiten mit mehreren Arten vertreten. Die flinken, wie langbeinige Spinnen aussehenden Tierchen, huschen über die Wasseroberfläche, als wäre es fester Boden. Wirft man ein anderes Insekt ins Wasser, kann man beobachten, wie sie sich ruckartig darauf zubewegen. Ihnen entgeht nichts auf der Wasseroberfläche; man kann sie auch als Wasserpolizei bezeichnen. Sie treten häufig zu mehreren auf und selbst auf längerstehenden Regenpfützen sind sie zu finden. Droht Gefahr, können sie sich auch durch regelrechte Sprünge fortbewegen. Der Teichfrosch ist der größte Feind der Wasserläufer. Er stellt ihnen nach, so daß sie es meistens sehr schwer haben zu überleben, vor allem wenn der Wasserteil eines Biotops nicht so groß ist. Wasserläufer überwintern nicht etwa unter dem Wasser, sondern auf dem Lande. Dort suchen sie sich in Wassernähe ein Versteck.

Die *Ruderwanzen,* Corixa spec., sind mit ein paar hundert Arten unter den Wasserbewohnern vertreten. Sie bewohnen praktisch jedes Gewässer, ob groß oder klein, ob tief oder flach.

Wasserwanzen, wie sie auch genannt werden, ernähren sich von anderen Wassertierchen, die aufgesaugt werden. Eine weitere Ernährungsquelle sind faulende Wasserpflanzen, die sich am Grund des Gewässers befinden. Die Vermehrung geschieht durch Eier, die an Unterwasserpflanzen abgelegt bzw. festgeklebt werden.

Neben den Ruderwanzen sind die *Rückenschwimmer,* Notonecta spec., sehr interessante Wasserbewohner. Sie schwimmen, wie der Name schon sagt, mit dem Rücken nach unten. In Fischzuchtbetrieben sind sie nicht gern gesehen, da sie bei starkem Auftreten unter der Fischbrut Schaden anrichten.

Häufig findet man Larven von *Libellen* im Wasser. Sie sind räuberische Wasserbewohner und besitzen gar nichts von der Eleganz der Libelle. Wenn sie das Wasser verlassen häuten sie sich, die zurückgelassene Haut findet man dann am Ufer des Gewässers. Sie gehen mehrere Stadien durch, bevor es fertige Libellen werden. Libellen gehören zu den Odonaten, die sehr artenreich sind.

Verschiedene *Egelarten,* wie der bekannte *Blutegel,* der *Fischegel* oder der *Pferdeegel,* können sich ebenfalls einfinden. Sie werden durch Wasserpflanzen eingeführt. Bei Fischbesatz ist auf den Fischegel zu achten, er saugt sich an Fischen fest, man kann ihn auch als Parasit bezeichnen. Er kommt jedoch seltener vor als der bekannte Blutegel.

Die sogenannten »Wasserflöhe« sind nichts anderes als *Süßwasserkrebse,* jedoch wird man sie bei Fisch- und Molchbesatz kaum zu Gesicht bekommen, da sie ein beliebtes Fischfutter sind.

Ein nicht gern gesehener Käfer ist der *Gelbrandkäfer.* Er und seine Larven sind schlimme Räuber. Vor ihnen ist eigentlich kein Wasserbewohner sicher, selbst Frösche und Molche werden von ihm angegriffen. Ganz besonders durch ihn gefährdet sind Kaulquappen. Tritt er in größerer Anzahl auf, sind auch eine größere Anzahl Larven vorhanden, die dann zusammen im Fisch- und Lurchbestand allerhand Schaden anrichten können. Gelbrandkäfer fliegen zu. Besonders gefährlich ist der große Gelbrandkäfer, *Dytiscus marginalis,* kleinere Arten dieser Gattung sind aber größeren Wassertieren nicht gefährlich (Frösche). Der Käfer ist schwarz und besitzt – wie der Name schon sagt – einen gelben Rand an seinen Körperseiten. Die Larven leben am Grund des Gewässers, kommen aber immer wieder an die Wasseroberfläche, um Luft zu holen. Um Schädigungen durch Käfer und Larven vorzubeugen, kann man sie wegfangen (z. B. mit einem Schmetterlingsnetz).

Ein weiterer Räuber ist der *Wasserskorpion,* Nepa cinerea. Er lauert zwischen Wasserpflanzen auf seine Opfer, die sogar selbst Räuber sein können, so z. B. die Libellenlarven. Sie werden immerhin 4–5 cm lang. Die Opfer werden angebissen und ausgesaugt.

Zum Schluß seien noch die vielen *Mückenlarven* erwähnt, die in großen Mengen auftreten können. Jedoch bei Fischbesatz, und hier ganz besonders beim Bitterling, haben sie kaum Chancen, das Wasser als Mücken zu verlassen. Sie sind durch ihre eigenartigen Bewegungen, mit denen sie sich bei Annäherung von der Wasseroberfläche nach unten bewegen, zu erkennen. Sie tauchen jedoch mit ihren Saugköpfen nach kurzer Zeit wieder auf, um an die Wasseroberfläche zu kommen.

Vögel am Biotop

ARTEN

Die Bedeutung der Vögel als Schädlingsvertilger wird oft übertrieben dargestellt. Natürlich verzehren sie eine Menge von Raupen und Insekten, ganz besonders wenn sie ihre Jungen füttern, doch können sie beim verstärkten Auftreten von Schädlingen, diese nicht im verstärkten Maße reduzieren. Trotzdem sollte man natürlich auf einen verstärkten Vogelschutz hinarbeiten. So suchen z. B. *Meisen* oder *Spechte* die Rinde von Obstbäumen nach überwinternden Schädlingen, deren Puppen und Eiern ab.

Ein weiterer nützlicher Vogel ist das Rotkehlchen und der Gartenrotschwanz.

Das *Rotkehlchen* ist hauptsächlich für den Boden zuständig, während der *Gartenrotschwanz* auch in der Luft die Beute jagt. Das Rotkehlchen, das sehr zutraulich ist, ernährt sich von allerlei Insekten, kleinen Schnekken und Würmern, die sich unter Laub befinden. Es sucht seine Nahrung also unmittelbar am Boden, wo es auch meistens sein Nest in Erdhalbhöhlen oder Baumwurzeln u. ä. baut. Im Herbst nimmt es auch mit allerlei Beeren vorlieb.

Der *Gartenrotschwanz* macht eifrig Jagd nach fliegenden und kriechenden Insekten. Manchmal führt er, ebenso wie der *Hausrotschwanz,* die reinsten Kapriolen in der Luft vor, um ein Insekt zu fangen. Aber auch vom Boden und Baumstämmen nimmt er Insekten auf, darunter auch viele Schädlinge.

Glücklich kann man sich schätzen, wenn sich Bachstelzen am Biotop einfinden. Am bekanntesten ist wohl die *Weiße Bachstelze.* Bachstelzen lassen sich dort nieder, wo es Wasser gibt oder wo Feuchtgebiete vorhanden sind. Die Weiße Bachstelze läßt sich aber auch in der Nähe von Menschen nieder, sie ist kein scheuer Vogel. Sie brütet in Löchern von Ufermauern oder auch in Löchern an Gebäuden. Als Nahrung dienen Insekten, Würmer und Schnecken. Die Nahrungsaufnahme erfolgt meistens vom Boden, aber auch in der Luft schnappen sie sich ihre Beute. Mitunter kann man sie auch auf frischgepflügten Äckern beobachten, wo sie Larven und Würmer suchen. Man erkennt sie nicht nur am Gefieder sondern auch am ständigen Kopfnicken und Schwanzwippen, das ihre Trippelschritte begleitet.

Zu einem Biotop gehören Vögel, die sich an diesem Ort wohlfühlen und immer wieder dorthin zurückkehren, sei es zum Trinken oder Baden. Aus diesem Grunde sollte man in der Nähe Nistgelegenheiten schaffen.

Viele Nutzvögel benötigen zum Brüten Höhlen. Hier kann man helfend eingreifen, indem man geeignete Nisthöhlen anbringt. Bewährt haben sich Nisthöhlen aus Holzbeton. Hier ist in erster Linie der Meisennistkasten oder besser gesagt die Meisennisthöhle zu beachten. Beim Kauf von Fertighöhlen sollte man auf das BBA-Gütezeichen (Biologische Bundesanstalt) achten. Meisennisthöhlen werden auch von anderen Vogelarten angenommen, sofern das Flugloch groß genug ist. Die Höhlen werden etwa in Augenhöhe aufgehängt, jedoch nicht höher als 3 m. Der Gartenrotschwanz nimmt mitunter die Kästen an, die an der oberen Grenze (Höhe) liegen, Meisen bleiben eher an der unteren Grenze. Nicht alle Nisthöhlen werden angenommen, jedoch sind die übrigen keineswegs überflüssig, denn sie werden meistens als Schlafplatz benutzt.

Auch für Vögel, die in Büschen und Hecken brüten, lassen sich Nisthilfen schaffen. Ein einfacher Reisighaufen an einer ruhigen Stelle im Garten bietet dem Zaunkönig Nistmöglichkeiten. An Bäumen lassen sich Nisttaschen anbringen. Dazu verwendet man benadelte Zweige, am besten Kiefernzweige, die man etwa in Augenhöhe an Baumstämmen befestigt. Die Zweige werden oben und unten mit Draht festgebunden und zwar so, daß sie in der Mitte etwas aufgebauscht werden.

Hecken spielen für Vögel eine Wichtige Rolle, denn sie benutzen sie nicht nur zum Brutgeschäft, sondern in erster Linie als Zufluchtsort bei Gefahr. Vögel suchen ein Biotop besonders gern auf, wenn in nicht allzuweiter Entfernung Hecken oder Büsche vorhanden sind.

VOGELSCHUTZHECKEN

Als Hecken und Büsche werden z. B. gerne angenommen:

Berberitze (Berberis vulgaris), Vogelnahrung und Vogelschutzgehölz.

Brombeere (Rubus) strauchige Art, anspruchslos an Boden und Standort, Insektennahrung und Vogelschutzgehölz.

Faulbaum (Rhamnus frangula), für feuchte bis sumpfige, auch schattige Lagen, Bienenweide und Vogelschutzgehölz.

Gemeiner Schneeball (Viburnum opulus), verträgt Schatten, auch für feuchte Lagen, Bienenweide und Vogelnahrung.

Heckenkirsche (Lonicera xylosteum), verträgt Schatten, Insektennahrung und Vogelschutzgehölz.

Hundrose (Rosa canina), Insektennahrung und Vogelschutzgehölz, formenreiche Art.

Kornelkirsche (Cornus sanguinea), Insekten- und Vogelnahrung, Frucht eßbar.

Schlehe (Prunus spinosa), nicht für Schattenlagen, Insektennahrung und Vogelschutzgehölz.

Schwarzer Holunder (Sambucus nigra), Insekten- und Vogelnahrung, Beeren und Blüten eßbar.

Zweigriffriger Weißdorn (Crataegus laevigata), Insektennahrung und Vogelschutzgehölz.

Hecken sollten in erster Linie Nutzhecken sein, d. h. sie sollten Insekten und Vögeln nützen. Auch sollte man darauf achten, daß einfachblühende Gattungen bzw. Arten verwendet werden. Wenig bekannt ist, daß gefülltblühende Sträucher bzw. Ziergehölze den heimischen Insekten wenig oder überhaupt keine Nahrung bieten. Ein Garten mit einer Vielzahl von gefülltblühenden Gehölzen wird weitaus weniger von Insekten angeflogen als ein Garten mit einfachblühenden Arten. Hummeln nehmen z. B. gerne Blüten an, in die sie hineinkriechen können, so daß sie oft ganz verschwunden sind (Fingerhut, Digitalis). Hummeln sind für die Bestäubung bzw. Befruchtung von Gehölzen und Stauden (die lange Blütenröhren besitzen) wegen ihres langen Rüssels besonders wichtig. Hinzu kommt, daß Hummeln noch bei Temperaturen fliegen, bei deren andere Insekten schon erstarrt sind. Hierbei hilft den Hummeln das dichte Haarkleid das sie vor Kälte schützt, andere Befruchter besitzen dies nicht.

Nützlinge – was sind das?

Nützlinge gewinnen immer mehr Bedeutung im biologischen Pflanzenschutz. Sicher waren unsere Nützlinge früher genauso nützlich wie heute, nur hatte man den chemischen Pflanzenschutz den Vorrang gegeben und die Nützlinge mit vernichtet. Im Erwerbsgartenbau wird man auch vorerst nicht auf den chemischen Pflanzenschutz verzichten können, denn er ist eben bis jetzt durch Nützlinge nicht zu ersetzen.

Doch was sind Nützlinge? Nun, das läßt sich auf einen ganz einfachen Nenner bringen: Nützlinge sind nichts anderes als die Feinde der Schädlinge. Nun kann man wieder fragen, was sind Schädlinge? Der Gartenfreund, Gärtner und Landwirt versteht unter Schädlingen alle aus dem Tierreich kommenden Lebewesen, die an den in Kultur stehenden Pflanzen nagen, saugen, fressen oder als Verursacher von Pflanzenkrankheiten auftreten. Das hat zur Folge, daß das Wachstum dieser Pflanzen mehr oder weniger stark beeinträchtigt wird.

Untersuchungen haben gezeigt, daß bei einem starken Schädlingsaufkommen auch die Nützlinge zunehmen, die von den Schädlingen leben. Noch im gleichen Jahr findet dann eine verstärkte Population statt. Treten jedoch im kommenden Jahr weniger Schädlinge einer bestimmten Art auf, nehmen auch wieder die Nützlinge ab, die dieser Art zu Leibe rücken. Es ist also ein ständiges Wechseln zwischen Zu- und Abnahme von Schädlingen und Nützlingen.

In naturnahen Gärten oder in der freien Natur, d. h. dort wo natürliche Pflanzengemeinschaften bestehen, kommt es meistens zu keinem massenhaften Auftreten von Pflanzenschädlingen. Dagegen kommt es bei Monokultur sehr häufig zu einem Übergewicht der Schädlinge, da hier die natürlichen Feinde, nämlich die Nützlinge viel zu schwach und unterbesetzt sind, um einen spürbaren Erfolg gegen die Pflanzenschädiger anzurichten.

NÜTZLINGE ALS WICHTIGE HELFER

Um nützliche Helfer im Garten zu fördern ist es erforderlich, daß man sie kennt. Jeder Gartenfreund und Naturliebhaber sollte sich damit beschäftigen und zumindestens die bekanntesten Arten kennen. Hierzu reicht allerdings nicht, daß man darüber nur etwas liest, sondern man sollte auf diesem Gebiet praktische Erfahrungen sammeln, indem man im Garten oder in der freien Natur Käfer, Fliegen und andere Insekten beobachtet. Doch nicht nur die fertigen Kleintiere helfen in der Schädlingsbekämpfung sondern auch deren Larven.

Unter den Käfern dürfte wohl der *Marienkäfer* mit seinen vielen Unterarten der bekannteste Nützling sein. Die meisten Marienkäferarten und ihre Larven leben von Blattläusen. Der wohl bekannteste 7-Punkt-Käfer hält sich gerne in Bodennähe auf, weniger auf Bäumen. Die Blumenwiese ist also ein interessanter Lebensbereich für ihn, ganz gleich ob Trocken- oder Feuchtwiese. Der 7-Punkt-Käfer zählt mit zu den größten Marienkäferarten, er wird bis zu 8 mm lang. Andere Arten leben wieder auf Bäumen und Sträuchern, so daß sie sich gegenseitig keine Konkurrenz machen.

Natürlich können Marienkäfer eine Blattlausinvasion, wie sie in manchen Jahren stattfindet, nicht stoppen, aber ohne sie wären es noch mehr. Hinzu kommt, daß bei einem starken Futterangebot (Blattläuse) auch entsprechend mehr Eier durch die weiblichen Käfer gelegt werden. Die gelblichen Eier werden von den Weibchen zu mehreren – häufig in der Nähe von Blattlausansammlungen – an der Blattunterseite abgelegt. Vom Schlüpfen der Larven bis zum fertigen Käfer kann es bis zu drei Monate dauern. Hier spielt das Wetter natürlich eine große Rolle und eben auch das Nahrungsangebot.

Marienkäfer leben aber nicht nur von Blattläusen. Es gibt Arten, die von den schwer zu bekämpfenden Schildläusen oder Spinnmilben leben. Andere Arten bevorzugen Mehltaupilze (22-Punkt-Käfer). Das Aussehen der Marienkäfer ist sehr verschieden, hier gibt es viele Varianten und Farbabweichungen innerhalb der Arten. Die wissenschaftliche »Punkt-Bezeichnung« muß nicht immer zutreffen. Für den Gartenfreund und Naturliebhaber ist es jedoch wichtig zu wissen, daß eine Marienkäferart nicht unbedingt rötlich-gelb aussehen muß, sondern daß es auch gelb- und schwarzaussehende Arten gibt.

Häufig werden die Larven der Käfer aus Unwissenheit als Schädlinge angesehen, da sie gar nicht so lieblich aussehen wie der fertige Käfer. Doch leisten diese eher häßlich aussehenden Larven in ihrer Entwicklungszeit einen wesentlichen Beitrag in der Schädlingsbekämpfung, hier in erster Linie durch das Vertilgen von Blattläusen.

Ein weiterer Feind der Blattläuse ist der *Ohrwurm,* auch *Ohrkriecher* genannt. Hier teilt sich oft die Meinung – Nützling oder Schädling? Nun, inzwischen hat sich wohl die Anerkennung als Nützling durchgesetzt. Der

Ohrwurm ist auf eine spezielle Nahrungsquelle nicht angewiesen. Neben der Vertilgung von Blattläusen (und ganz besonders dann, wenn sich die Blattläuse in eingerollten Blättern befinden) frißt er auch andere Schädlinge. Seinen Ruf als Schädling hat er daher, weil er auch an Blütenblättern frißt, z. B. an Dahlienblüten oder an Pelargonienblüten und Blättern im Balkonkasten. Neben den Fraßschäden hinterläßt er Kotspuren, die auf eine nächtliche Tätigkeit hindeuten. Tagsüber hält sich der Ohrwurm versteckt, er ist dann unter Baumrinden, in eingerollten Blättern, in Vogelnistkästen, in Falten von Markisen, in Mauerritzen und vielen anderen dunklen oder halbdunklen Verstecken zu finden.

Der Handel bietet sogar sogenannte Nutzinsektenhäuschen für Ohrwürmer an. Diese werden mit Holzwolle gefüllt und in Bäumen oder Gebüschen aufgehängt. Man sollte sie besonders dort anbringen, wo sich bereits Blattläuse befinden. Ohrwurmunterschlüpfe kann man auch unmittelbar über oder direkt auf den Boden stellen, auch dort werden sie angenommen. Blumentöpfe mit Holzwolle gefüllt und mit der Öffnung nach unten aufgestellt oder gehängt, erfüllen ebenfalls ihren Zweck als Unterschlupf. Man kann diese Blumentöpfe in Obstgehölzen oder auch in Ziersträuchern aufhängen.

Nehmen Fraßschaden durch Ohrwürmer an Blüten überhand, kann man sie z. B. regelrecht aussiedeln. Man stellt ganz einfach diese Unterschlupftöpfe in der Nähe von den nächtlichen heimgesuchten Blütenpflanzen auf. Haben sie den Unterschlupf angenommen verfrachtet man die Töpfe ganz einfach in einen anderen Teil des Gartens oder hängt sie in Bäumen auf, wo vielleicht ein Angebot an Blattläusen herrscht. In der Regel bleiben die Ohrwürmer an ihrem neuen Standort, wenn sie dort genügend zu fressen finden.

Wenig bekannt ist, daß auch verschiedene *Wanzenarten* zu den Nützlingen zählen. Wenn man von Wanzen spricht, denkt man natürlich zunächst an die blutsaugenden Wanzen, die als Außenparasiten Mensch und Tier zur Plage werden können. Doch von diesen Wanzen soll hier nicht die Rede sein.

Von der Gruppe der nützlichen Wanzen sind die *Blumenwanzen* hervorzuheben. Sie ernähren sich – zumindest die größeren Arten – hauptsächlich von Blattläusen, kleinere Arten rücken den Spinnmilben zu Leibe. Für den Laien ist es nicht leicht, Wanzen zu unterscheiden, da es mehrere hundert Arten gibt und ihr Aussehen doch sehr verschieden ist. Man kann z. B. grüne *Weichwanzenlarven* mit grünen Blattläusen verwechseln. Nur treten sie eben nicht in Massen auf wie Blattläuse. *Weich-*

wanzen und besonders deren Larven fressen aber nicht nur Blattläuse sondern saugen auch Pflanzensaft wenn kein anderes Nahrungsangebot da ist. Andere Arten von *Weichwanzen* leben vorwiegend von Spinnmilben, sind diese nicht vorhanden, saugen sie auch Pflanzensaft.

Baum- oder *Schildwanzen* von denen es etwa 60 einheimische Arten gibt, sind an ihren großen Schildern zu erkennen. Im zeitigen Frühjahr sieht man am Fuße von Lindenbäumen in größeren Ansammlungen die rot leuchtenden »Lindenwanzen«. Andere Schildwanzen sind grau bis braun. Sicher hat so mancher Gartenfreund schon indirekte Bekanntschaft mit Schildwanzen gemacht. Obwohl sie als Nützling allerhand Raupen und Insekten verzehren, sind sie auch Pflanzensauger. Dabei entleeren sie ein eigenartig riechendes Sekret, was den Nascher von Himbeeren, Brombeeren oder anderen Beeren vom Strauch, diese schnellstens wieder ausspucken läßt, da die Früchte, mit diesem Sekret behaftet, scheußlich schmecken.

Spinnen sind überwiegend Insektenfresser. Sie verzehren natürlich nicht nur Schädlinge sondern auch Nützlinge, wenn sich diese in ihren Fangnetzen verfangen. Doch nicht alle Spinnen von den ca. 800 heimischen Arten fertigen Fangnetze an. Die sogenannten *Laufspinnen* bauen kein Netz, trotzdem sind sie auf Obstgehölzen häufig zu finden, wo sie Blattläuse fressen.

Die wohl bekanntesten Spinnen sind die *Radnetzspinnen,* besser unter dem Namen *Kreuzspinnen* bekannt aufgrund ihres Musters am Hinterleib, das bei manchen dieser Arten kreuzähnlich gezeichnet ist. Sie fertigen oft große Radnetze an, die sie auch nach der Zerstörung wieder an der selben Stelle »spinnen«. Ihre Nahrung besteht aus Fliegen und allerlei Mücken, aber auch an geflügelten Blattläusen. Es gibt etwa 50 heimische Arten, deren Bestimmung sehr schwierig ist, da sie in der Farbzeichnung auch innerhalb einer Art sehr abweichen können.

Raubspinnen, von denen es zwei heimische Arten gibt, kommen auf Wiesen vor. Die eine Art – Dolomedes fimbratius – besonders in Feuchtgebieten, sie kann sogar auf dem Wasser laufen. Es ist also eine Spinnenart für das Gartenbiotop. Spinnen finden sich von ganz alleine ein, wenn das Umfeld entsprechend geeignet ist.

Milben, von denen es in Europa sage und schreibe etwa 3000 Arten gibt, sind nicht nur Schädlinge. Es gibt unter ihnen ein paar Arten, die sogenannten *Raubmilben,* die »Kannibalen« sind. Sie fressen nämlich andere Milbenarten, vorwiegend *Spinnmilben.* Milben sind sehr klein und eigentlich nur mit einem Vergrößerungsglas zu erkennen, sie werden nämlich keine 0,5 mm lang. Raubmilben verzehren aber nicht nur andere Milbenarten wie z. B. die gefürchtete *Rote Spinne,* sondern sie fressen auch Thripse. Thripse sind zwar winzig kleine Tierchen, aber sie können großen Schaden (Blütenthripse) anrichten. Der Schaden ist z. B. häufig bei Gladiolen zu beobachten. Hier sehen dann die Blütenstände gesprenkelt oder gestreift aus. Je nach Stärke des Befalls gehen die Blüten dann gar nicht auf sondern vertrocknen.

Ein weiterer Helfer im natürlichen Pflanzenschutz ist die *Florfliege.* Von den gut 20 Arten ist das »Goldauge« mit der lateinischen Bezeichnung Chrysopa carnea von Bedeutung.

Diese Florfliege besitzt auffallend goldglänzende Augen. Die Art ist zartgrün, auch die Aderung in ihren durchsichtigen Flügeln ist grün. Oft taucht sie im Herbst in Wohnräumen auf, um zu überwintern: Aber nicht die Florfliege als fertiges Insekt ist für die Blattlausbekämpfung interessant sondern ihre Larven, die im Entwicklungsstadium sehr starke Verzehrer von Blattläusen sind.

Die *Schwebefliege* (Syrphidae) legt ihre Eier in oder in unmittelbarer Nähe von Blattlauskolonien ab. Sofort nach dem Schlüpfen bewegen sich die Larven auf die Blattläuse zu und saugen sie aus. Man kann mitunter die Larven in Blattlausansammlungen beobachten, tagsüber gehen sie jedoch dieser Saugarbeit nicht nach. Schwebefliegen zählen zu den Spitzenreitern in der Blattlausbekämpfung. Jedoch benötigen sie Wiesenblumen bzw. Wildkräuter, um im Garten wirksam zu werden, Gartenblumen genügen ihnen nicht. Der Name Schwebefliege kommt davon, daß die Fliegen häufig an einer Stelle schwebend stehen, plötzlich aber wieder eine andere Stelle aufsuchen.

Ein weiterer Nützling ist die *Schlupfwespe.* Verschiedene Arten legen ihre Eier in Raupen ab, wo die Larven nach dem Schlüpfen die Raupen von innen her regelrecht auffressen. Die *Brackwespe* hat es unter anderem auf die Raupen des Großen Kohlweißlings abgesehen.

WILDPFLANZEN UND NÜTZLINGE

Wildpflanzen sind für die besprochenen Nützlinge von großer Bedeutung.

Kulturpflanzen können hier kein Ersatz sein. Ob Schwebefliegearten oder Schlupfwespen, sie alle benötigen Wildkräuter, deren Nektar für sie lebenswichtig ist. Hier spielen besonders gelbblühende Pflanzen eine Rolle, wie überhaupt die Farbe Gelb auf Insekten eine starke Anziehungskraft ausübt. Da man das weiß, stellt man auch in der biologischen Schädlingsbekämpfung »Gelbtafeln« auf. Das sind gelb leuchtende Tafeln, die mit Raupenleim bestrichen sind. Fliegen die Insekten die Tafeln an, bleiben sie kleben. Besonders im Gewächshaus läßt sich diese Methode gezielt anwenden.

An doldenartigen Blüten kann man oft gleichzeitig eine größere Anzahl der verschiedensten Insekten beobachten, die Schwebefliege ist meistens mit dabei. Blühende Wildpflanzen erfüllen also eine wichtige Aufgabe, sie locken Nützlinge an und helfen die Arten zu erhalten. Ob Trocken- oder Feuchtwiese, beide Arten erfüllen ihren Zweck.

Allgemeines

HERBST

Wenn die Tage kürzer werden, läßt das rege Leben im und am Biotop nach. Die See- oder Teichrose bringt vielleicht noch eine letzte Blüte, doch gleichzeitig bekommt sie immer mehr gelbe Blätter, die schließlich braun werden und gänzlich absterben.

Der Teichfrosch hat sich zurückgezogen, nur bei mildem Wetter läßt sich höchstens noch ein Jungfrosch sehen.

Das Spiel der Fische läßt nach, sie stehen meistens ruhig oder bewegen sich nur träge.

Sind höhere Laubbäume in der Nähe, kann es vorkommen, daß beim Laubfall und besonders bei windigem Wetter eine größere Menge Laub ins Wasser geweht wird. Hier kann man vorbeugend wirken, indem man rechtzeitig ein Nylonnetz über die Fläche spannt solange das Laub fällt. Nylonnetze werden in verschiedenen Größen im Handel angeboten, kosten nicht viel und lassen sich mehrere Jahre verwenden (s. auch Anlage eines Biotops). Fällt trotzdem eine größere Menge Laub ins Wasser, sollte man sich die Mühe machen und es herausfischen. Sinkt es nämlich ab, geht es bald in Fäulnis über. Dies hat Folgen für die Wasserqualität. Das Wasser bekommt dann ein rötliches oder dunkles Aussehen, weil gerade im Herbst, wenn die Vegetation der Wasserpflanzen aufhört, eine Ausgewogenheit zwischen Wasser, Tier und Pflanze nicht mehr gegeben ist.

Aber auch der Herbst hat seine Reize. Die schöne Herbstfärbung von verschiedenen Laubgehölzen – ein chemischer Vorgang – macht den Garten noch einmal bunt. Die Laubgehölze holen sich die letzten Nährstoffe aus den Blättern und werfen sie dann ab. Ähnlich ist es bei den Stauden. Die Wasserschwertlilie färbt sich gelb bevor ihre Blätter braun werden.

Die Braunfärbung der Pflanzenstengel und Blätter deutet daraufhin, daß sich die Staude für den Winter zurückgezogen hat. Sie trennt sich praktisch von dem Ballast der Oberirdischen Pflanzenteile, um besser überwintern zu können.

Die Stengel der Stauden in der Feuchtzone schneidet man ab. Ein Abdecken mit Fichtenreisern kann vorgenommen werden, ist aber nicht erforderlich. Der beste Winterschutz für Pflanze und Tier im Biotop ist eine dicke Schneedecke.

WINTERRUHE

Heimische Sumpf- und Wasserpflanzen überwintern problemlos. Anders ist es bei fremdländischen Pflanzen, sie muß man über Winter herausnehmen und warm bzw. frostfrei stellen, da viele nicht die absolute Winterhärte besitzen. So kann man z. B. das Zyperngras, Cyperus alternifolius, ohne weiteres ins Wohnzimmer als Zimmerpflanze stellen, vorausgesetzt sie bekommt einen hellen Platz. Man sollte solche Wasserpflanzen deshalb nicht im Biotop auspflanzen, sondern sie in Töpfen oder Schalen belassen und einfach ins Wasser stellen. Man hat es dann im Herbst leichter, die Pflanzen für die Überwinterung herausnehmen. Die Unterbringung von fremdländischen Sumpf- und Wasserpflanzen wird immer ein Problem bleiben sofern sie nicht winterhart sind. Ideal ist es natürlich, wenn ein Wintergarten oder ein Gewächshaus zur Verfügung steht. Denn fremdländische, nicht winterharte Wasserpflanzen halten keine Winterruhe ein wie unsere einheimischen Pflanzen, die im Herbst absterben und einziehen.

Die abgestorbenen Stengel der heimischen Wasserpflanzen läßt man stehen, das ist auch in der freien Natur so. Die Stengel, die im Wasser stehen, bilden bei zugefrorenem Biotop eine Art Sauerstoffleitung. Würde man die abgestorbenen Stengel im Herbst abräumen, käme es zu einer Störung der verschiedenen Wassertiere, die sich bereits auf den Winter vorbereitet haben, das sollte man unbedingt vermeiden.

Mit absinkenden Temperaturen suchen die meisten Fische tiefere Stellen auf und nehmen keine Nahrung mehr zu sich. In diesem Zustand dürfen sie nicht gestört werden. Nun tritt Ruhe im und am Biotop ein. Die Ränder werden nur noch von Vögeln aufgesucht, um zu baden oder ihren Durst zu stillen.

Auch die Unterwasserpflanzen verschwinden nach und nach. Abgesehen von ein paar Ausnahmen, die auch unter Wasser grün bleiben. So bleibt z. B. der *Wasserstern,* Callitriche, auch unter einer Eisdecke grün und trägt somit zur Sauerstoffanreicherung bei. An diesem Beispiel läßt sich erkennen, das unter einer Eisschicht nicht alles Leben erstarrt.

Anhang

Erläuterungen

Art — Innerhalb einer Gattung gibt es verschiedene Arten, die aber übereinstimmende Merkmale besitzen (z. B. Blätter, Blüten). Der Artname steht hinter dem Gattungsnamen und wird klein geschrieben, z. B. Caltha (Gattung), palustris (Art) = Sumpfdotterblume (Gattung), im Sumpf wachsend (Art).

Ausläufer — Man unterscheidet oberirdische und unterirdische Ausläufer. Es sind Seitensprosse, die sich an der Mutterpflanze entwickeln und meistens vom Wurzelhals oder von der Blattrosette ausgehen. An den Ausläufern bilden sich meistens mehrere Jungpflanzen jeweils an den Gliedern, die nach Bewurzelung als vollwertige Pflanzen verwendet werden können. Die Ausläufer (Seitensprosse) sterben nach Bewurzelung und Erstarkung der Jungpflanze ab, da sie als Verbindung zur Mutterpflanze nicht mehr benötigt werden. Ein gutes Beispiel für oberirdische Ausläufer ist die Erdbeere oder das Pfennigkraut.

Blattspreite — Blattfläche des ausgebreiteten Blattes. Die Blattspreite kann ungeteilt, geteilt oder aus mehreren Teilblättern zusammengesetzt sein.

flutend — Sich auf der Flut bewegend, schwimmend, der Strömung anpassend.

Gattung — Pflanzengruppe mit gemeinsamen Merkmalen gehören zu einer Gattung. Jede Gattung gehört wieder zu einer Familie. Die Gattung steht zwischen Familie und Art. Gattungsnamen werden immer groß geschrieben und stehen vor dem Artnamen.

Hibernakeln — Verschiedene Wasserpflanzen bilden Überwinterungsknospen. Sie bilden sich im Herbst, lösen sich von der Pflanze und sinken auf den Gewässergrund ab. Dort überwintern sie. Im Frühjahr kommen sie wieder hoch und bilden neue Pflanzen (z. B. Krauses Laichkraut).

Hybride — Das Wort »Hybride« bei Pflanzennamen sagt aus, daß es sich um ein Kreuzungsprodukt handelt. Hybriden sind Bastarde. Diese Bastarde können durch Kreuzungen von Arten der gleichen Gattung (Artbastarde) oder durch Kreuzungen von Gattungen (Gattungsbastarde) entstehen.

Pflanzenschutz Geschützte Pflanzen; aufgrund des Naturschutzgesetzes sind in Deutschland selten vorkommende Pflanzen geschützt.

Es gibt a) völlig geschützte Pflanzen
b) teilweise geschützte Pflanzen.

Völlig geschützte Pflanzen dürfen nicht gepflückt, beschädigt oder ausgegraben werden (z. B. heimische Orchideen, Primeln, Seerosen). Teilweise geschützte Pflanzen dürfen zwar mit Erlaubnisschein gepflückt, d. h. gesammelt werden, doch dürfen ihre unterirdischen Organe (Wurzelstock, Zwiebeln) nicht ausgegraben werden. Hier sei dem Wasserpflanzenfreund noch einmal ans Herz gelegt, dabei mitzuhelfen, gefährdete Pflanzen an ihren natürlichen Standorten zu belassen und sich für die Erhaltung dieser Pflanzen einzusetzen.

Sorten Als Sorten werden gärtnerische Züchtungen bezeichnet. Sortennamen stehen in der Reihenfolge hinter den Artnamen. Sortennamen werden groß geschrieben und in Einzelanführungszeichen (Halbe Anführungszeichen) gesetzt, z. B. Iris (Gattung), kaempferi (Art), ›Seemann‹ (Sorte).

spec. Abkürzung für »specis« (Art); hinter dem Gattungsnamen gebrauchte Bezeichnung, wenn der Artname nicht genau bekannt ist.

var. Botanische Abkürzung für varietas (Varietät).

Vegetationszeit (Vegetationsdauer) Zeitraum von der Keimung/Austrieb bis zur Samenreife einer Pflanze.

Vermehrung Geschlechtliche und ungeschlechtliche Vermehrung. Als geschlechtliche Vermehrung wird die Vermehrung durch Samen oder Sporen bezeichnet. Bei Blütenpflanzen durch Samen, bei Sporenpflanzen durch Sporen (Farn). Hier geht immer eine Befruchtung voraus.

Als ungeschlechtliche Vermehrung bezeichnet man eine Vermehrungsart, die ohne vorherige Befruchtung vor sich geht, z. B. durch Stecklinge, Abrisse, Ableger, Brutzwiebeln. Es werden aber immer Mutterpflanzen benötigt.

Bezugsquellen für Stauden und Wasserpflanzen

*) auch Versand	Leistungsschwerpunkte
*) Arends, Georg Inh. U. Mausbach-Arends Monschaustraße 76 5600 Wuppertal 21	Astilben, Azaleen, Phlox
Behrens, Ludwig Soerser Weg 27 5100 Aachen	Stauden für alle Lebensbereiche, Gehölze und Koniferen, Containerpflanzen
*) Carl, Joachim Alpengarten Pforzheim 7530 Pforzheim-Würm	Gebirgs- und Alpenpflanzen, Steingartenstauden, Zwerggehölze
Caspary, Herbert Staudenkulturen Schulstraße 6632 Saarwellingen-Schwarzenholz	Gehölze, Farne
Demmel Baumschulen – Stauden 8124 Seeshaupt	Polster- und Alpenpflanzen, Blütenstauden, Wasserpflanzen
Denz, Josef Inh. Hans Denz Rottweiler Straße 137 7730 Villingen-Schwenningen	heimische Pflanzen
Fehrle Inh. Jakob Hokema Schwerzerallee 61 7070 Schwäbisch-Gmünd	heimische Pflanzen, Stauden, Stauden zur extensiven Dachbegrünung
*) Funk, Alfons Gärtnerei Schwarze Furth Nr. 2 4242 Rees 2-Empel	Seerosen
Gärtner, Erhard Staudenkulturen 6250 Limburg-Staffel	Alpine Schnittstauden, Wasserpflanzen

Gericke, Wolfgang Schönfelder Straße 123 1000 Berlin 47	Farne, Wasserpflanzen, heimische Pflanzen
Gärtnerei Germann Am Rübsamenwühl 22 6720 Speyer	Wasserpflanzen, Polsterstauden, Stauden für Rekultivierungen
*) Häussermann, Fritz Schützenhausweg 43-47 7000 Stuttgart-Weilimdorf	heimische Pflanzen, Gehölze
*) Hagemann Staudenkulturen Walsroder Straße 324 3012 Langenhagen 6 Han.	Bodendecker, Stauden für Schnitt, Freilandfarne
Huben, Andreas Schriesheimer Fußweg 7 6802 Ladenburg	Gräser
*) Jelitto, Klaus R. Staudensamen Postfach 560127 2000 Hamburg 56	Staudensamen
Jürgl KG Baumschulen Staudenkulturen 5000 Köln (Sürth)	Helleborus, Vinca, Efeu
Junge, Heinrich Inh. Großmann-Junge Seeangerweg 1 3250 Hameln 1	Wasserpflanzen, bodendeckende Sträucher, heimische Pflanzenarten
*) Kayser & Seibert Inh. Klaus Seibert Wilhelm-Leuschner-Straße 85 6101 Roßdorf 1	Stauden allgemein, Stauden nicht alltäglich, Wasserpflanzen
*) Klose, Heinz Staudengärtnerei Rosenstraße 10 3503 Lohfelden	Paeonien, Hosta, Neuheiten

Pflanzen-Körner Poppenbütt. Straße 92 2000 Hamburg 65	Sommerblumen
Lintner, Joh. I. Nieder-Ofleidener Staudenkulturen 6313 Homburg/Ohm 3	Farne, Stauden, Wasserpflanzen
*) Marx, Karl Heinz Bahnhofstraße 36 8602 Pettstadt	Gräser
Möller, Dettmar Cuxhavener Straße 577 2104 Hamburg 92	Wasserpflanzen, Seerosen, Teichfolien
*) Näpfel, Hermann Staudengärtnerei Nürnberger Straße 99 8820 Gunzenhausen	Astilben, Phlox paniculata, Gräser
Angermunder Staudenkulturen Inh. Reiner Neis Stooterstraße 100 4330 Mühlbeck-Seelbeck	Groß-Container-Stauden, Wasserpflanzen
*) Neuhoff Inh. Joachim Trox Lee-Dieksweg 17 2084 Rellingen	Stauden, Bambus, Zwerggehölze
*) Pagels, Ernst Deichstraße 4 2950 Leer	Salvia, Gräser, Epimedium
*) Peine, Rolf Mariabrunnenstraße 71 8000 München 60	Schattenstauden, Kletterpflanzen
*) Pöppel-Stauden Hauptstraße 95 2805 Stuhr-Seckenhausen	Prachtstauden, Gehölzrandstauden, Gräser

*)	Quak, Käthe Staudengärtnerei Hörmannsdorf 15 8019 Ebersberg/Obb.	Gräser
	Radloff, Walter Garten-Center Schnieglinger Straße 54 8500 Nürnberg 90	Gräser
	Gärtnerei Reuther Walter Reuther Gärtnerstraße 11 8076 Baar-Ebershausen	Stauden für alle Lebensbereiche, Wasserpflanzen, Bodendecker (Stauden)
*)	Rieser Staudenkulturen und Wassergärten Walter Schimana 8861 Deiningen b. Nördlingen	Hemerocallis, Wasserpflanzen
	Schönemann Baum- und Rosenschulen Fellbacher Straße 142-148 7012 Fellbach	Gräser
	Stauden-Siebler KG Am Toggraben 1 3033 Schwarmstedt	Wasserpflanzen, Farne, Schnittstauden
*)	Sortiments- und Versuchsgärtnerei Dr. Hans und Helga Simon Staudenweg 2 8772 Marktheidenfeld	Bambus, Gräser, heimische Pflanzenarten
*)	Staudenkulturen Stade Inh. Helmut Stade Beckenstrang 24 4280 Borken-Marbeck	Wasserpflanzen, heimische Pflanzenarten, Stauden-Bodendecker
	Tangermann, Willi Staudenkulturen Rauhe Wiese 17 3204 Nordstemmen	heimische Pflanzenarten, Stauden für Dachgärten, breites Grundsortiment

	Volz, Hans Staudengärtnerei Zum Geigersgrund 41 7530 Pforzheim	Gräser
*)	Wachter, Karl Inh. H.-J. Wachter Rollbarg 2081 Appen-Etz	Wasserpflanzen, heimische Pflanzenarten, Stauden
*)	Wahl, Hans Peter Backnanger Straße 21 7153 Weissach im Tal	Polsterstauden, Schnittstauden, Alpine
	Walter, Helmut und Frauke Staudengärtnerei Pinneberger Straße 240a 2081 Appen-Etz	Stauden, Gräser, Wasserpflanzen
*)	Willumeit OHG Garten- und Landschaftsbau Heidelberger Landstraße 179 6100 Darmstadt-Eberstadt	Bambus, Hemerocallis, Iris sibirica
*)	Gräfin von Zeppelin Staudengärtnerei 7811 Sulzburg-Laufen	Iris, Hemerocallis, Sempervivum

BEZUGSQUELLEN FÜR WASSERBAUFOLIEN / FERTIGTEICHE

Aguaplan
Aguaplan-Held GmbH
Spezialfolien
Postfach 24
7519 Gemmingen

Bioplan-Teichfolie
Drebinger
Sulzbacher Straße 88
8500 Nürnberg

Ursula Oldehoff + Peter Kohle
Gartenstraße 1
8196 Achmühle

Esslinger Schwimmbecken- und Kunststofftechnik GmbH
Postfach 149
7300 Esslingen/Neckar

PLASTICALL BV
Fertigteiche und Folien
Büro für Deutschland
Postfach 1840
2080 Pinneberg
(Auf Anfrage werden Fachhändler genannt)

Plastoplan re natur
Chr.-Ross-Weg 24
2355 Ruhwinkel-Wankendorf

PLASTOPLAN
Postfach 537
4502 Solothurn/Schweiz

LITERATURHINWEISE

Zander, Handwörterbuch der Pflanzennamen, Stuttgart, 13. Aufl. 1984

Neue Große Tier-Enzyklopädie, Bd. 6, Stuttgart 1975

Mein kleiner Garten, Köln 1986
Wasserpflanzen, Melsungen, 6. Aufl. 1980

Bildnachweis

Fotos: Helmut Lass sowie Thomas und Matthias Lass

Zeichnungen

Thomas und Matthias Lass